読んで旅する海外文学

24の国と地域の旅行記×77冊の読書ノート

重松理恵 著

大月書店

はじめに

猿岩石への憧れから、読書で世界一周へ

つい最近、世界一周旅行からようやく帰国しました。とはいってもそれは、「読書での世界一周旅行」です。実際にも、南米大陸以外には行くことができており、気づけば、地球一周は達成されていた私ですが、そもそもの海外への興味のきっかけは、高校一年生の時にテレビで見た猿岩石のユーラシア大陸横断ヒッチハイクでした。

しかし、私のような内向的な気弱人間が、ひとりでバックパックを背負い、世界一周するなんて、そんな勇気はもちろんもてるわけがありません。学生時代にはお金が、就職してからは、時間がないことを言い訳にしていましたが、実際には、人見知りであるその性格こそが、旅立てない一番の理由でした。

人見知りであるゆえ、基本的に自分から声をかけることができません。そのため、知らない国で、道も聞くことができない。恥ずかしがり屋であるゆえ、英語の発音が下手なのが恥ずかしくて、英語もなるべく話さずに済ませようとする。ゆえに、英会話も上達しない。本来無口な性格のため、現地で友達を作って楽しく過ごすこともできない。こういった、実に数々の弊害が、旅行の際には、生じてしまいました。

にもかかわらず、そんな、自分の短所に毎回直面しながらも、いろんな場所への好奇心、そして、自分の目で確めたい、食べてみたいという欲求だけは無駄に高かったため、海外への旅は、ちょこちょこ続けていました。30歳というぎりぎりの年齢では、オーストラリアでのワーキングホリデーにも一応挑戦してみました。

しかし、このワーホリ中に、ついに本格的に英語に挫折。というか、わかってはいたものの、30過ぎたいい大人の消極性は、さすがに直視できず、かなり落ち込みました。英語もろくに話せない自分は、どうせ、現地の人とも交流できないんだから、世界一周なんかしていいわけないだろうなどと、自分を卑下し始めたのです。

すると、その悶々とした感情の反動で、世界は英語だけじゃないんだぞ、たとえ実際に行かなくても、世界一周はできる、むしろ世界一周した人より、その国のことを知ることもできるという、内向的であるゆえのひねくれた開き直りから、読書での世界一周というアイデアが沸き起こってきました。

そんな、せこい考えから生まれたのが、本書で紹介する読書での世界一周旅行です。しかし、始めて見ると、予想以上に楽しいだけではなく、困難もあり、まさに、思い出深い良い旅行になりましたので、その旅程を公開することにしました。

読んで旅する海外文学

24の国と地域の旅行記×77冊の読書ノート

もくじ

※本書2章で紹介した77冊の書籍の書誌データは、298〜302ページのブックリストにまとめています。あわせてご利用ください。
※本書の内容は、2023年3月末日時点のものです。紹介した書籍の情報などについては、それ以降に変更されることもありますので、ご了承ください。

第1章

世界一周読書旅行の旅行計画を立てよう

文学で世界一周旅行、すぐに頓挫

2011年、海外で働くという夢を捨てきれなかった私は、職場に休職を願い出て、オーストラリアで日本語教師アシスタントをするというワーキングホリデーに挑戦することにしました。しかしその結果、私は大きな挫折を味わうことになります。

「はじめに」でも書いた通り、英語に挫折したその原因が、自身の消極的な性格のゆえだと思うと、私は本当に自分が惨めでした。そのため、オーストラリアからの帰りの飛行機内では、自分には世界一周する資格がないのではないかと、ひたすら反省していました。

しかしその一方で、せめて、文学で世界一周してやろう、と決心したのです。

ところが、飛行機内で堅く決心したはずの「文学での世界一周」は、すぐに頓挫してしまいました。「気合いを入れて世界一周！」といってみたものの、まずは何から読んでいいのか、その記念すべき最初の1冊をなかなか決めることができなかったのです。

たとえば「世界文学」というと、ロシアの『カラマーゾフの兄弟』（ドストエフスキー）や、フランスの『レ・ミゼラブル』（ヴィクトル・ユーゴー）などといった世界の文豪作品が、まずは思い浮かびます。そこで、一度はこれらの、いわゆる「古典的名作」と呼ばれる作品を読んだほうがいいのだろうなという意識に囚われていた私は、これを機会にとの思いもあって、さっそく、読み始めてみました。

ただ、やはり難しいというか、何だか読まなければいけないと強制されて読んでいるような、現在のその国への理解にもつながらないようにも感じ、あまり興味をもてませんでした。こうして、無意識に世界文学を読むのを後回しにしてほかの本ばかりを読むようになった私の「文学での世界一周」は、じきに自然消滅してしまったのです。

しかし、そんな頓挫した計画がついに復活する時がきたのです！　それが、産休・育休という長くまとまった休みでした。子どもが赤ちゃんの時は、海外はおろか、ちょっとした外出さえもまだまだ大変です。家にいることが多い時だからこそ、海外に行きたくて行きたくてたまらなくなった私の気持ちは、それが無理な状況であればあるほど、よけいに高まりました。だからこそ思い出したのが、今度こそ、「文学での世界一周旅行」※でした。

そして、もうひとつ思いついたのが、世界一周読書旅行の計画案の作成でした。

※ただ、読んだ本は文学だけではないので、後にテーマを「文学での世界一周」から「世界一周読書旅行」に変更しました。

世界一周読書旅行の目的

私は、旅行の計画を立てるのが大好きです。旅行計画中は、何度もシミュレーションを重ねるため、楽しみ過ぎて死にそうなくらい、自分でもときめいてしまいます。旅行計画が一番わくわくしたという思いは、多くの人が感じていることではないでしょうか。

また、よくよく考えてみたら、これまで20か国以上を旅しているにもかかわらず、旅行日記をちゃんと書いていないだけでなく、その国の文化や良かった点も、忘れ始めていることにも気づきました。

そこで、今回の世界一周読書旅行は、漠然と世界一周するのではなく、自分が過去に旅した国を中心にまわり、復習&余韻に浸るものにすることにしました。もちろん、もっと行きたい国はあり、その国の文学も読みたいのはやまやまです。しかし今回は、いったんその気持ちを抑え、過去に旅した国を振り返る読書旅行にすることを自分のなかで明確にして、まずは文学を中心に読み始めました。

すると、やはり登場人物の様々な気持ちが描かれている文学は、共感することも多く、自分の気持ちが揺さぶられることに改めて気づかされました。読む動機がはっきりしたおかげで、前回とは違い、旅もスムーズに進み始めたのです。

そんな私が、世界一周読書旅行で自分に課したことがらは、以下の3つでした。

世界一周読書旅行における注意事項

【注意事項1】

各国につき、次の3点をテーマにしたものを必ず1冊は読む。①その国の首都、もしくは、大都市が舞台となっているもの、または、その国の代表的な作家の作品　②その国のローカル地方が舞台となっているもの　③その国の歴史や文化に関わるもの

【注意事項2】

その国出身の作家が書いた小説のほか、文化や歴史を紹介したものを読むのが望ましいが、日本人や、外国人による著作も可とする。それは、「何人はこう、この国はこう」という偏見をもつのを避けるためであり、旅の目的はその国を理解することであって、その国の出身者からだけの情報を集めることではないからである。

【注意事項3】

その国のイメージが悪くなるようなものは、人には勧めないようにする。また、自分が納得する3点に出会うまで読書は続け、数合わせのための決定は絶対にしない。

世界一周読書旅行のこだわり

今回の世界一周読書旅行で、私が最もこだわった点。それは、すぐに思い浮かぶ有名な文豪の古典名作は、参考までに読むことはあっても、できるだけ選ばなかったことです。また、小説だけに限定せず、ノンフィクション、旅行記、エッセイなど様々なジャンルのものも含め、よりその国を好きになれるものを探し続けました。

なぜなら、自分が海外旅行していつも思うのは、やはり事前に歴史を調べて行ったほうが、旅は断然感動します。もっと勉強してきたほうがよかったなと後悔したことも多々あったからです。がちがちの専門書ではなくても、歴史小説やマンガ、または、小説＋歴史、文化がわかるものを何か1冊は読んでみることをお勧めしたいからです。

とはいえ、たとえば、その国の戦争、虐殺、政治の腐敗、貧困などがテーマになっている歴史小説を読む時は、私自身日中、ひとりくら〜い気持ちになったり、自分の無知が恥ずかしくなったりして、気が重くなることもしばしばで、自分が旅した国の不幸な過去を知り、ネガティブなイメージを持ってしまいそうな時もありました。しかし、正しい理解につなげるためにも、たまには重いテーマのものを読む必要性も、次第に感じるようになりました。

世界一周読書旅行の選書は、予想以上に大変

選書は、予想以上に苦労しました。なぜなら、今までの私の海外文学の読み方といえば、好きな作家を読む、話題のものを読む、文豪や名作ものを読むという感じで、国というより、その時々の内容で、関心を持ったものをランダムに読んでいたからです。つまり、「海外小説」という一言でまとめてしまって、国別に読んだことはなかったのです。しかしいざ国別に探してみると、やはり翻訳されているものは英語圏のものが圧倒的に多く、アメリカとイギリスの作家のものは、単純な邦訳数だけでなく、ジャンルも豊富なことに改めて気づかされました。

また、同じ英語圏でも、私が行ったことのあるオーストラリア、ニュージーランド、カナダ出身の作家のものは非常に少ないと感じました。英語以外では、フランス語、ドイツ語以外はやはり少なく、アジアや中東関連の翻訳小説となると、さらにその数はわずかであるという、海外文学の翻訳数の現状がよくわかりました。

書かれた、あるいは舞台になった国を決めて、そこから作品を選んで読むというのは、本来の読書の仕方とは少し離れるかもしれません。しかし、むしろ翻訳されているものが少ない国のほうが、気になるようになったのも、新たな発見でした。

最後に、次章以降の構成に触れておきます。

まず、昨今の韓国文学ブームや日本での台湾人気もあり、韓国と台湾に関する本は、3冊に絞りきることができませんでした。4冊ずつ選んでしまったばかりか、私の台湾熱が高じて、台湾だけは、妄想旅行記まで書いてしまっています。

いっぽう、東南アジアやオセアニアなど元々の邦訳点数が少ない国のものは、やはり3冊選ぶことはできませんでした。もちろん、3冊以上読んではいますが、注意事項3に書いた通り、私が勧めるまでには至りませんでした。該当書なしということで、2冊のみの紹介としている国が、いくつかあります。

ドバイについても、そこだけに限定すると見つかりませんでしたので、中東という広い範囲に拡げ中東の国々から3冊選ぶことにしました。そのほか、寄り道して読んだ作品のいくつかは、行っていないエリアのものとして、巻末付録①で紹介しています。

最後にもう一点、読み進めるうちに気づいたのは、著者はその国出身、もしくは、その国が舞台であっても、必ずしもその国の言語で書かれてはいないということです。たとえば、中国で紹介している『雪花と秘文字の扉』は、英語からの邦訳であり、ロシアで紹介している『タタールで一番辛い料理』はドイツ語からの邦訳です。

本書に関して、その国の言語で書かれた純粋なその国の文学を選んでいないばかりか、小説以外の本をたくさん紹介していたりと、各国で選ばれた文学作品についても、あれが入っていない、これが入っていないと思う方もいると思います。しかし、あくまでもこれは、私の世界一周読書旅行の記録ということで、ご容赦頂き、みなさんそれぞれの素敵な読書旅行のその道中の幸運を心からお祈りしています。

第2章

旅行記とブックレビュー

韓国の旅行記（2002年・2011年）

大学時代、研究室の一つ上の先輩たちと盛り上がり、海外旅行することになりました。当初は、中国やカンボジアなどの案もありましたが、結局は、それぞれの都合や予算の関係で、近くて安く行くことのできる韓国のソウルに決まりました。

とはいえ、実は私の研究室は、中国哲学研究室です。なので、夜、ホテルでひといきついた時、先輩がふと、「なんで俺ら韓国にいるんだろうね？」と言った時は、不意打ちがきいて、みな大爆笑でした、まさに、タイミングがベストでした！

しかも、その先輩自体、中国哲学専攻にもかかわらず、第二外国語は中国語ではなく、韓国語を専攻していました。そのため、自身の韓国語の能力を試したかったのか、観光中は、「子どもたちが、俺らを見て日本人、日本人って言ってる」などと教えてくれており、その先輩の通訳には、若干私はひやひやもしていました。

というのも、当時はまだ韓流ブーム前どころか、日本の大衆文化開放が始まった1998年から5年も経っておらず、旅行中は年配の方に日本語で話しかけられもしまし

韓　国

たが、韓国の人たちにどう思われているか、こちらの考えも、未熟だったからです。

とはいっても、観光自体は、韓国に残る5つの王宮のなかで、最も保存状態の良い宮殿である世界遺産の昌徳宮（チャンドックン）に行ったり、ソウル有数のショッピングエリア明洞（ミョンドン）で買い物したり、眼鏡を作ったり（当時は韓国で眼鏡を作るのが大ブームでした）、焼き肉を食べたり、チマチョゴリを着て写真を撮ったり、あかすりをしたり、帰国時には空港で韓国冷麺を食べて、到着したらすぐに研究室に直行。そして翌日の朝は、韓国で作ったせっかくの眼鏡を床に置いたまま寝てしまい、うっかり踏んで壊すという、実に女子大生らしいのーてんきな旅行でした。

ただ、いま改めて振り返ってみると、友達がいないことが常に悩みであるような私が、ささいな先輩の発言で笑い合い、男女二対二で海外に行ってテンションが上がるようなリア充な時を過ごしていたとは。それこそが貴重な経験だったなと、今しみじみと感じています。

また、韓国には2度訪れていて、2度目の渡航では大学時代の研究室の友達を訪ねて、済州（チェジュ）島に行ってきました。

ちょうど、ワーキングホリデーでオーストラリアに行っていたこともあり、日本への帰国途中に寄らせてもらいました。その韓国のハワイと呼ばれるチェジュ島では海産物を食べたり、海で遊んだり、チェジュ島のシンボルともいわれる韓国で一番高い山、ユネスコ世界遺産である漢拏山（ハルランサン）に登ったり、火山活動でできた世界最長の溶岩洞窟である万丈窟（マンジャングル）に行ったりしました。英語に疲れていた私は、実にリラックスして過ごしたのです。とはいえ、アジア圏に入った安心感からか、パスポートを落としてしまいました……。

ちなみに、その時の中国語も堪能な研究室の友達は当時一緒に案内してくれた韓国人の彼女とその後結婚し現在もチェジュ在住です。そんな大学時代の友人が暮らし、2度訪れた、現在はドラマを追いかけている韓国ですが、実は私は、ドラマのロケ地めぐりもできていないばかりか、韓国ドラマの『宮廷女官チャングムの誓い』に出てきたような宮廷料理も、流行の最新韓国グルメもいまだに体験できていません。

しかも、チェジュ島の漢拏山も万丈窟も当時は案内されたままついていっただけで、今思い出して初めて結構すごい所だったんだなと気づきました。ドラマや映画のロケ地、韓国最新グルメ、チェジュの観光地など、韓国への想いがつのるばかりです。

韓　国

『あやうく一生懸命生きるところだった』

（ハ・ワン著、岡崎暢子訳、ダイヤモンド社）

40歳・独身・賃貸暮らしの著者は、突然仕事を辞め、自由に生きることを決意。タイトルそのままに、何のために我慢しながら働き続けているのか、ふと立ち止まって自分自身を見つめ直した、日韓累計40万部突破の話題の人生エッセイ。

２０１９年から始まった韓国文学ブーム。２０２０年には、映画も公開された『82年生まれ、キム・ジヨン』（チョ・ナムジュ、筑摩書房）を筆頭に、数々の韓国の小説が話題になっています。

また、韓国といえば、Ｋ－ＰＯＰや韓国コスメが非常に人気があるだけでなく、映画の『パラサイト　半地下の家族』がアカデミー賞4冠を受賞。ドラマでは『梨泰院クラス』『愛の不時着』が話題になったりと、２０２０年からは第４次韓流ブームに突入したとも言われています。私も韓国ドラマファンです。

そのため、昨今の韓国文学ブーム以前から、韓国の小説を読んだことはあったのですが、正直私は、特に目新しさは感じていませんでした。というのも、最近では様々なタイプの韓国ドラマが作られているとはいえ、ドラマでは庶民VS財閥という構図の復讐劇、もしくは財閥の御曹司とのシンデレラブストーリー、または、その背景にある格差社会や受験戦争といった韓国社会の過酷さや、生きづらさが描かれていることがしばしばです。小説でもその傾向は強く、どれも、文学としての完成度は高いものの、私がドラマから抱く韓国へのイメージは、文学を通しても、超えることはなかったのです。

たとえば、女性の生きづらさの現実が淡々と描かれている『82年生まれ、キム・ジヨン』にはもちろん共感しました。が、ストーリー自体は少しシンプルすぎるように思いました。また、2020年に本屋大賞翻訳小説部門第1位となった『アーモンド』(ソン・ウォンピョン、祥伝社)は、感情がない少年を主人公とした興味深い物語ですが、韓国ドラマのような極端な設定でもあり、両者とも明るい話ではありません。韓国文学への私の期待の高さもあって、何か韓国のイメージを変える明るいものがあればなと、どこか煮えきれない想いを抱えていたのです。

とはいえ、ある意味定番化している韓国ドラマがなぜ、おもしろく飽きないのかという

韓　国

と、やはり現実社会が前提になっているからではないでしょうか。現実がそうでないなら、わざとらしさが残り単なる作りものにしかなりません。しかし、そうならないのは、現実問題として財閥の存在が大きく、それゆえの格差社会、厳しい競争社会があるからでしょう。このリアリティーによってドラマに深く共感でき、それこそが韓国ドラマの大きな魅力になっています。

だからでしょうか。ちょっと極端な韓国ドラマにどっぷり浸かり、韓国社会の大変さを感じとっている私にとって、本書の「ゆるさ」はかなり新鮮でした！　善と悪の対立構造がはっきり描かれ、社会や財閥への恨みが前面に押し出されていることが多いドラマとは異なり、本書からは実際に韓国で暮している人が社会をどう思っているか、その素直な気持ちを感じとることができ、新たな視点を得ることができました。

日本ではけっこう前に『負け犬の遠吠え』（酒井順子、講談社）がベストセラーになりました。そのため、その男性版のような本書は、そこまで目新しくはないのかもしれません。しかし、ドラマにおいては、女性がヒロインとして描かれることが多いこともあり、働き盛りの年齢である男性が、その過酷な社会から一回離れて何を思ったのかという男性側の主張は、私にとっては貴重でした。著者とは年齢が近いこともあり、むしろ、共感した点も多かったです。

なかでも、特に共感したのが、大学受験の失敗と成功についてです。なんのために何浪もして、名門の芸大に行ったのかという現状から振り返った時の虚しさ。そして、韓国では多くの人が、会社を辞めて自分の店を持ちたいといってるけど、大体それはチキン屋さんだったりして、社会から自由になりたいはずなのに、自由になるための発想がみんな同じってどういうことなんだろうという著者の冷静な突っ込みは、ちょっと笑ってしまいました。受験、就職、起業、いずれにせよ社会から完全には自由になれないのだとしたら、やはり一度立ち止まることが重要であり、本書のタイトルが秀逸だなと思います。本書にちりばめられた名言の数々も、印象的でした。

最近では、韓国文学だけでなく、韓国発のエッセイが増えていることが、本当にうれしいです。韓流ブーム、つまりきらびやかなアイドルや、グルメ、ドラマといった表面的な情報が大量にあふれすぎている現状。その反面、日韓の政治的対立が深まり続ける今だからこそ、本書のようなエッセイはお勧めです。たとえば、同時期に刊行されたエッセイ、『無礼な人にNOと言う44のレッスン』(チョン・ムンジョン、白水社)は、特に『82年生まれ、キム・ジヨン』を読んだ人には参考になるはずです。

韓　国

『女ふたり、暮らしています。』

（キム・ハナ＋ファン・ソヌ著、清水知佐子訳、CCCメディアハウス）

講演、執筆、ラジオ番組出演などで活躍するフリーランスのキム・ハナと、ファッションエディターのファン・ソヌ。性格は真逆ながらも、ローンを組んで一緒に家を買い、共同生活を始めたふたり。アラフォーの女友達＋猫4匹の従来の価値観にとらわれない生き方が、自然に綴られた一冊。

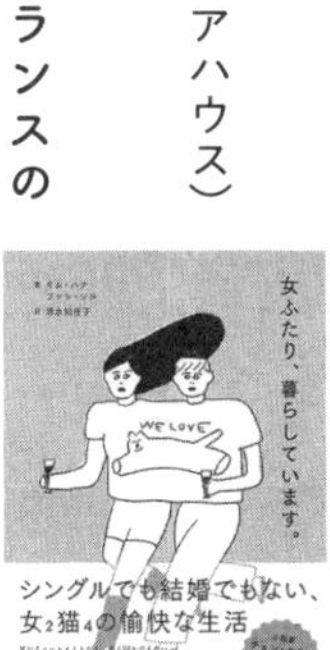

先ほどに続き、女性によるエッセイである本書もぜひ読んでほしい一冊です。なぜなら、ふたりのような結婚や世間の価値観に縛られない生き方は、個人的にもうらやましい限りだからです。というのも、恋愛偏差値や女子力がとにかく低い私は、「恋愛には興味ないから、自分は自分で生きていこう」と堂々としているつもりでした。しかし、結局は従来通りの結婚をする人生になり、無難すぎるなー……と内心思っているからです。

しかしながら、少し感じたのは、韓国の女性にとってのほうが、結婚の意味が日本よりもまだ重いのかもしれません。韓国ドラマを観ていると、結婚した女性が、がっつり男性側の家族になることもしばしばです。自立した女性こそ、結婚への心理的負担はかなりの重さでしょう。このふたりほど仕事ができて充実した人生を送れるなら、結婚なんてやってられないのは当然のことだろうな、と推測しました。

そもそもふたりとも、普通の会社員よりは自由が利く、いわばクリエイティブな職種です。だからこそ家族に縛られず、好きな仕事をやって自由に生きていきたいふたりなのだろうなと、読む前の私は思っていました。しかし、本書に書かれていたのは、ハナがソヌを自分と一緒に暮らすよう説得した様子のほか、他人同士のふたりが一緒に暮らしていくその大変さなどでした。

つまり、ふたりはフリーランスのノリやひとり暮らしのさびしさからふたりで暮らし始めたわけではなく、ローンまで組んで暮らし始めたのは、むしろ一般的な価値観を持つ真面目なふたりだからこそでした。ふたりの生活が従来の価値観に縛られない世間への反発心や自虐という感じではなく、自然なこととして始まったというのは、いい意味で私の期待を裏切ってくれました。バリキャリ女性のエッセイというと、ウィットにとんだお洒落なものも少なくはないため、本書のエッセイの正直さに、私はハマったのです。

たとえば、ローンを背負うことによるプレッシャーや、その反面、だからこそこれまで

韓国

以上に仕事をがんばれるふたりの堅実さ。ともに暮らすことによる安心感を得られたことの大切さのほか、ハナとソヌのふたりの性格の正反対ぶりは非常に興味深いです。

というのも、フリーで働き、たくましい面があるハナが、家事や片付けが好きという家庭的な面ももっている一方、ファッションエディターという女性的な仕事につき、長年同じ会社に勤めている真面目な会社人間のソヌは、片付けができずゴミ屋敷状態になりがちのようです。正反対なふたりだからこそ、女性同士の暮らしながらも、家での役割分担は男女の夫婦と同じような悩みを抱えているのです。

そこで、フリーランスのため家で仕事をすることが多いハナのほうが家のことを率先してやるのですが、いくら好きとはいえ、いつも自分ばかりがやっていることには、やはりストレスを感じます。ゆえにソヌは家事代行を頼むようになったり、得意の料理を担当することでバランスをとっている解決策が、本書では明かされていました。

そのほか、どちらかが病気になった時などは、配偶者や家族への支援だけでなく、パートナーを生活同伴者として認めて変わらず援助してほしいなどの社会への提案もする本書。ドラマでは学歴や大企業などといった従来の価値観に縛られる韓国社会の保守的な面もまだまだ描かれてもいますが、本書は韓国社会の進化を実感できる一冊だと思いました。

『ショウコの微笑』

（チェ・ウニョン著、牧野美加＋横本麻矢＋小林由紀訳、吉川凪監修、クオン）

交換留学生として韓国に来た日本人の高校生・ショウコと出会った「私」。帰国後も、韓国に住む「私」に手紙は届き続けたが、高校を卒業する直前、突然ショウコからの連絡は途絶えてしまう。家を出て自由に生きることを語っていたショウコに一体何が？　また、ひそかに続いていた「私」の祖父とショウコの文通。その中身とは？　さらに、約10年後に再会したふたりは何を話したのか？――7つの物語からなる素敵な短編集。

これほどの短編集に出会えたのは、初めてかもしれません。それくらい本書の質の高さは衝撃的です。短編集は世間的には売れないといわれていますが、私は嫌いじゃないつもりでした。それでも本書は、私がこの本のなかで紹介する唯一の短編集です。

というのも、短編集というとその短さゆえ、内容を詰め込みすぎておもしろさが損なわれているもの、あるいはオチがなく、淡々としすぎているものなど、当たり外れが多いこ

韓　国

ともしばしばです。主人公が同じ、もしくは登場人物が順番にメインキャラクターとなって進む連作ものの短編集もありますが、本書の場合はすべてがまったく別々の物語であり、登場人物に徐々に愛着がわいていって進むタイプのものではありません。にもかかわらず、ここまで心に残るとは……。ほかの短編集にはない充実感であふれているのです。

たとえば『ショウコの微笑』の登場人物のひとり、「私」の祖父は世代的に日本語を話すことができるため、積極的にショウコと交流します。一方、実の孫である「私」との仲は、けっして心を開きあったものではありません。そのため家族同士の結びつきが強い韓国における、家族と他人との距離感の違いや、実は祖父にとってはネガティブな思い出である日本語が、ポジティブにも描かれている、そのポスト戦後の現在の空気感の描かれ方は、まさに絶妙でした。

また、自由奔放に生きていそうな日本人のショウコのほうが家族との結びつきが強く、大学卒業後は病院で働き、堅実な人生を送っている一方、大学卒業後に金銭的に苦労しつつも、映画監督という自分のやりたいことを優先し、家族との関係が希薄になっている「私」からは、韓国における若者の価値観の変化も感じました。

同じ若者でも無難な人生を選ぶ人と、自分らしく生きようともがく人もいて、それら世代ごとの価値観がミックスされた現代の社会の様子が、本書では実に自然に描かれていました。それに加えて、祖父とショウコが文通していたという物語性。心に響きました。

ほかにも、ドイツで親しくしていたベトナム人一家と韓国人一家が、ベトナム戦争時の韓国軍との衝突という過去の歴史によって、結局は引き裂かれてしまう『シンチャオ、シンチャオ』、1970年代の軍による冤罪事件を題材にした『オンニ、私の小さな、スネオンニ』、フランスの修道院に滞在する韓国人女性とそこで知り合ったケニア人男性との若者同士の淡い恋と別れが描かれた『ハンジとヨンジュ』、フェミニストの先輩の死をきっかけに、ロシアで新たな交流が始まる『彼方から響く歌声』、セウォル号事件後が描かれた『ミカエラ』など。

すべて舞台は違うものの、必ずしも自国に住む必要もなくなった現在という時代性、国の歴史や、幼い時に感じた強い印象、好きな人との衝突、身近な人の死など、それぞれに抱えるものがある登場人物たちの、これからの世代は自身の選択で前に進んでいけるといった生き方は、まさに現在の価値観と希望が描かれているようでもあり、それらは本書の中で共通していました。

短編作品のなかに、過去と現在と未来すべてが描かれているようでもあり、どれもが、

韓　国

いかにも韓国らしいテーマでありながらも、まったくわざとらしくもない作品たち。まさに、これまで読んだことがない中・長編をも超える濃厚な一冊です。

しかしながら、やっぱり最後に短編ではない私の最近のお気に入りの韓国小説を1冊紹介させてください。それは、ミン・ジヒョン『僕の狂ったフェミ彼女』（イースト・プレス）です。男性にとって、フェミニストは理解できない生き方なのか⁉ 再会した元カノがすっかりフェミニストになったことを知った主人公の「僕」が、元カノと復縁して元の従順な姿に戻そうとするも……。というストーリーで、保守的な「僕」の姿は現実的過ぎて笑うに笑えず……。真実過ぎるもフィクションであり、かなりお勧めです。

『宮廷女官チャングムの誓い』

（ユ・ミンジュ著、秋那訳、竹書房）

15世紀末、宮廷内の王様の食事を作る部署で働く女官チャングムが、多くの苦難を乗り越え王様の専属医になるまでのサクセスストーリー。

なぜ今さら？　と思われるかもしれませんが、検討した結果、ここはあえてドラマの小説版をお勧めすることにしてみました。先ほどから私が韓国ドラマファンであることはお伝えしていますが、実は私が好きな韓国ドラマのジャンルは、現代ものではなく、韓流時代劇と呼ばれるものだからです。

現在、第4次韓流ブームといわれていますが、残念ながら注目されるのは、現代ドラマばかりです。韓国の歴史ドラマはまだ観たことがないという人のほうが、実際は多いのではないでしょうか。しかも、ドラマの『宮廷女官チャングムの誓い』が大ヒットしたのは、すでに15年以上前のことで、当時は私も観ていませんでした。

冬ソナブームの時に、冬ソナ（『冬のソナタ』）や、そのほかの四季シリーズくらいはみたものの、韓国ドラマ特有の長すぎる回数、ドラマチックすぎる展開などに疲れた上、当時は韓国の歴史にもあまり興味がもてず、チャングムも数話で挫折しました。ところが見返してみたところ、このドラマはまったく古びておらず、ストーリー自体が実におもしろいことがわかりました。ドラマだと54話、書籍でも上・中・下の3分冊と大長編ですが、あえて本から韓国ドラマのおもしろさを感じてみるのは、いかがでしょうか。

というのも、どこまでも過酷な現実が描かれることが多い韓国ドラマや本の世界ゆえ、

韓　国

これらの作品の醍醐味は、何といってもそのスカッと感です。一生懸命に生きる主人公が、いくつもの困難を乗り越え、最後には目的を果たすその姿には、胸を打たれるのはもちろんのこと、悪が負けるその爽快感こそ、ぜひ味わっていただきたいのです。

特に本書の場合は、「身分が低くどこまでの不遇の主人公が、両親の復讐を果たした上、仕事でも前代未聞のあり得ない大出世を果たす」というまさに典型的な勧善懲悪ストーリーです。ある事情により世間から身を隠して生きる両親を持ち、幼少時には女官見習の苦労を味わい、女官の時にはライバルから数々の妨害を受け、職場からは追放。料理人に必須の味覚を失ったり、無実の罪を着せられての流刑まで経験。さらには、医女になってもいじめは続き、封鎖された伝染病地帯に置き去りにされたチャングム。それらエンドレスの苦難を彼女はどう乗り越え、一発逆転するのでしょうか。本書がドラマチックすぎるという方には、後にドラマ化もされた時代小説の『景福宮の秘密コード　ハングルに秘められた世宗大王の誓い』（イ・ジョンミョン、河出書房新社）もお勧めです。

台湾の旅行記（妄想）

私と台湾との出会い。それは、日本語学校で担当していた歴史の授業で知り合った台湾人の学生でした。とはいえ、今でこそ行きたい旅先№1の台湾ですが、かつて日本統治時代があった台湾に対して、アラフォーの私には、まだ触れられないような感覚が抜けきっていませんでした。私が小・中学生だったまだまだネットもなかった当時、台湾の情報は少なく、戦争について学ぶ学校からの情報がメインだったからです。

特に、広島出身の私は結構な時間の原爆に関する平和学習を受けました。小・中学生という幼少期&思春期の時に受けたことも影響し、戦争への恐怖、またはかつての日本の行為を直視することへの精神的重さなどが、どうしてものしかかっていたのです。また、渡航先としては近すぎてついつい後回しにしていたことに加え、昨今のいかにも若者文化的なタピオカブームは、私と台湾との距離をさらに拡げる決定的な事柄でした！

なぜなら、私にとってのタピオカは、１９９２年の第1次ブームの時の小さい粒々でしかありません。しかも、大学時代に受けた「アジア経済史」の講義中、先生がいきなり

台湾

クイズを出しました。それは、「アジアで多く生産されているものは何でしょうか？　ヒントは、君たちの好きなものだよ」というものでしたが、誰も答えないまま、「答えはタピオカです」とのこと。やはり教室はシーンと静まりかえったままでした。が、内心私は、「そんなのわかるわけないだろう！」と大爆笑していました。つまり、2008年の第2次ブーム以前の当時、タピオカは特に若者に人気があるわけでもなく、先生の的外れ感への私の笑いが、私とタピオカの最後の思い出になったのです。

そうこうするうち、2018年の第3次ブームで突如大爆発した台湾のタピオカミルクティー。自分の知るタピオカとはあまりにもかけ離れた姿にショックを受けた私はタピオカも日本での台湾熱も完全にスルーしていました。

しかし2020年、親日家でもあった台湾人学生との出会いをきっかけに、台湾のドラマを見始めたり、その学生といろいろ話しているうちに、台湾への興味が一気に高まりました。

そして初めて飲んだタピオカミルクティーにより、その魅力がようやくわかりました。甘いティーとタピ

オカが一緒になっていると、その大きさともちもち感で、スイーツを食べながら飲んでいるような、お腹も満たされる感覚にもなり、高いと感じていた値段にも納得しました。

となると、台湾旅行の一番の目的は、もちろんタピオカ&台湾グルメです。というのも、今や日本では、台湾とついていれば何でも売れるほど過熱する台湾ブーム。時にはだまされることもしばしばゆえ、本場でちゃんと食べてみたいのです。

それにしても、次から次へと出てくるおいしそうな台湾グルメの数々！　海に囲まれた台湾だけあって、生地に海藻をねりこんでホタテを具にした水餃子や、見た目にインパクトのある蟹おこわといったシーフード料理、烏龍茶味やヘチマが入った小籠包、卵入りの肉まん、饅頭に肉をはさんだ台湾式ハンバーガー、シチューがのったおもしろい名前の棺桶トーストや、ネクストブレイクドリンクともいわれるチーズティーや、ドライフラワーのティーのほか、フラワーワッフルといったかわいいスイーツの数々。そして、タピオカがごろごろのっているタピオカミルクティーパンケーキや種類豊富なタピオカドリンク。

たとえば、青、紫、黄色などのグラデーションにブルーのタピオカが下ではなく上に浮いた、その名もロマンチックな「人魚の涙」といったどれだけグラデーションを利かすのかというくらい何層にもなったカラフルなもののほか、黒糖がベースになった虎模様のも

台　湾

のなど。いろいろなタピオカドリンクを、若者が集まるフォトジェニックな場所は避けつつ、現地でさらっと飲んでみたいです。

さらに、私が一番気になっているのが、「素食」という台湾式菜食文化です。植物性食品を基本にするも、ニンニク、ネギ、タマネギ、ニラ、ラッキョウといった刺激の強いものを使用しない点が欧米のヴィーガンなどとは違い、仏教・道教の思想の影響もあるという「素食」。最近では環境保護や動物愛護の考えから支持する若者も増えており、台湾料理だけでなく寿司や洋食も再現された豊富なメニューに期待が高まります。

これらグルメと茶藝館、道教寺院、そして、電車好きな息子のために、世界で最も美しい地下鉄の駅2位になったこともある、4500枚のステンドグラスが美しい地下鉄台湾・高雄美麗島駅のほか、かつては私がファンだったことの影響で今は息子がハマっているロックバンド「ザ・イエローモンキー」の、2018年配信の『天道虫』のミュージックビデオが撮影された、ネオンが光る台湾の市場にも行ってみたいです。加えて、台湾人学生に教えてもらった「布袋戲」という台湾人形劇の公演や博物館など。台湾へは、グルメツアーにする予定でしたが、今回も盛りだくさんな旅になりそうです。

『星月夜』

（李琴峰著、集英社）

日本の大学で日本語講師をしている、台湾人の柳凝月。日本での大学院進学を目指す、新疆ウイグル自治区出身の玉麗吐孜。外国人、同性愛者、未来が定まらないふたりだからか、どこか遠慮しあって生きている恋人同士のふたり。柳凝月が日本の暮らしにも慣れ、社会人として落ち着いた生活を送っている一方、元恋人である同居人女性や、バイト先のコンビニでの女友達との関係にも悩む玉麗吐孜。ふたりの未来は……。

本書を読んで以降、台湾出身の李琴峰さんは私の「推し」になりました。２０２１年、『彼岸花が咲く島』で第１６５回芥川賞を受賞した李琴峰さんを受賞前から私は知っていました！　と自慢したいわけではありませんが、こんなにも早く世間に知られてしまったのは、正直ちょっと複雑です。

もちろん、ブレイクする前からのお気に入りの歌手や俳優の成功はうれしいいし、引き続

台　湾

き応援したいものです。しかしその半面、どこか遠い存在になってしまったり、ブーム的に消費されていく様子には、誰もが一度はさみしさを感じたことがあるのではないでしょうか。私もそれを李琴峰さんに感じました。

そんな、私のお気に入りの本書ですが、この物語では、中国における政治的対立、性的マイノリティ、日本で暮らす外国人の苦悩といった一見すると重いテーマがいくつも扱われておりけっして明るい物語ではありません。しかしながら、登場人物の女性たちが感じる切実な悲しさや厳しい面もあるそれぞれが生きる「今」は、むしろ美しく感じてしまうようにも描かれています。そこは本書の魅力のひとつではないでしょうか。

一方、物語のなかにはリアリティーもあふれています。本書を読んだのは、ちょうど私が日本語学校で先生をしていた時でしたが、日本に多くいる中国人留学生同士の関係性や、学生間の日本語能力の差、就職や進学における中国人同士の熾烈な競争、アルバイトで生計を立てる様子などは、共感しかありませんでした。

しかしながら、柳凝月の日本での生活は一見、落ち着いています。が、雇用は非正規の上、台湾の両親との間には確執があり、日本では外国人かつ性的マイノリティです。また、恋人の玉麗吐孜とは中国語という言語やセクシャリティ、外国人としての立場を共有しているゆえ、心を開いて話せはしますが、教師と生徒という関係性や政治的背景、年齢による価値観の違いもあり、その絆は必ずしも強固ではありません。

だからでしょうか、ふたりの関係性の繊細さには、現実って意外にこんなもんだよねと、むしろ納得もさせられました。『彼岸花が咲く島』もそうですが、李琴峰さんの作品は、たまに挿入される漢詩などもあいまって幻想的な一方、主題はストレートで現実的。それらが非常にマッチしている点に、私は魅力を感じています。

『台湾生まれ 日本語育ち』

（温又柔著、白水社）

台湾で生まれ、3歳から日本で育った著者は、日本で暮らすうちに、台湾語、中国語、日本語といった言語の狭間で悩むだけでなく、国籍、選挙、母国語などについても考え始める――。自身が外国人だと意識しなかったからこそ直面した現実に、著者は何を思っていたのか？　率直な想いがつまった一冊。

台湾

本書を読んでいると、紹介されるエピソードが小説の『魯肉飯のさえずり』（中央公論新社）と似てるなと思いました。調べてみると、まさかの同じ著者！　やっぱりと思った半面、同じエピソードでもこんなにも伝わるものが違うということに驚きました。もちろん小説のほうが読みやすかったですが、本書のほうが力強さを感じるので、私は断然『台湾生まれ 日本語育ち』派です。しかも、著者は私と同じ１９８０年生まれゆえ、著者に親近感を覚えた私ですが、本書には著書の葛藤が実にあふれていました。

たとえば、「外国人登録証明書」（現在は在留カードや、特別永住者証明書に変更）ですが、そもそも幼少期から日本で育った著者は「外国人登録証明書」の存在自体を知らなかったそうです。しかし、運転免許の更新などのため、大人になると突然それを求められる機会が増え、著者はいきなり自分が外国人だと思い知らされました。著者自身も「外国人登録証明書」といった国のルールは当然理解できるとしていますが、自身を「ペーパーガイジン」と称する著者だけに、その心情の深刻さは相当であることが窺えました。

また、日本では選挙権がないいっぽう、台湾では台湾総統の選挙権があるため、著者は総統選挙への投票を心待ちにしていました。しかしながら、結局は2年以上台湾に入国していなかった著者は、投票を断念せざるを得ませんでした。

そして、高校生の時から中国語を学び始めた著者ですが、日本育ちの著者には、ピンイン（中国のローマ字表記法）がわからないというつらさにくわえ、台湾の発音で話される中国語が、中国語学習者の日本人には通じないことへの戸惑いもありました。しかも、それらの問題の根底には、そもそも自分は中国人なの？　という複雑な問いも絡まっているのです。

さらには、著者は祖母とは日本語で話すことができるいっぽう、両親は国民党の中国語教育を受けていています。そのため、自分は家族との間で一体何語を話すべきなのか？　そのことも、気に病んでいたそうです。思春期のことも考えると、著者の精神的な苦悩がどれだけすさまじかったか、本書からはかなりのものが伝わってきました。

ところが、著者の苦悩の重さは、意外にも最後の妹の言葉で吹き飛ばされます。なぜなら、姉がここまで悩み、母は母で小さい時に日本語の本を読んであげられなかったことが心残りだったいっぽう、妹は、自分は感情豊かに育ってるし、お姉ちゃんは日本語で小説も書くくらいだから、何も気にしなくてもいいという感じなのです。つまり、著者が悩みすぎで、妹の意識が低すぎるということではなく、母や姉妹、それぞれに現実を受け止めていたのであり、著者の妹の言葉には私も救われました。

台湾

『あの頃、君を追いかけた』

（九把刀著、阿井幸作＋泉京鹿訳、講談社）

マンガ好きでクラスのお調子者の中学生、柯景騰。気品あふれるクラス一の優等生で、みんなの憧れの存在、沈佳儀。ある日を境に仲良くなると、柯景騰の成績は上昇。しかし、一時席が離れると、彼は新たな女の子に恋してしまう。ところが、同じ高校に進学すると再び接近したふたり。中学生から大学生、そして沈佳儀が結婚するまでが描かれた柯景騰の自伝的ラブストーリー。

台湾人の留学生に教えてもらった本作品ですが、この映画版は、ほぼ無名のキャストながら台湾＆香港で大ヒットし、日本でもリメイクされていますので、すでに知っている人が多いのではないでしょうか。それにしても、ロマンチックな出会いやデート、刺激強めの若者の恋愛が描かれているわけでもなく、一見すると、まじめな登場人物たちが、ごく普通の学校生活を送っているだけのようにしか見えない本作。にもかかわらず、青春ラブストーリーが成立している本作品を読んでいると、何だかうらやましくもありました。

まさか、異性と勉強したりするだけで、見事に恋愛小説として成立するとは。本書には意表を突かれたというか、むしろ、これでよかったんだよな、と拍子抜けしました。つまり、当時の私は少女マンガに毒されており、本書のような発想がなかったのです。

しかも著者が同世代だけあって、キョンシー、金城武、『スラムダンク』、あだち充のマンガ『H2』など、私と同じものに囲まれて育っていることが登場人物への共感にもつながりました。そのほか、本書で描かれている中学時代、クラスで流行した象棋（中国将棋）や、高校時代の「忠・孝・仁・愛・信・義・平・礼」という名のクラス分け、または、高校の夏休みに参加した子ども仏教サマーキャンプの引率や、異性に法師の語録をプレゼントするセンスなどといった恋愛小説とは一見そぐわないようなアジア的価値観との組み合わせ。そして、グラウンドのそばの花壇で小さな花を1輪摘み、好きな女子の机の上の透明のシートにはさんでみたり、家庭科の授業で作ったものを男子が好きな女子にあげるといった男子の純粋さなどが、私には妙にツボにはまりました。

私の学生時代にも、人気が集中する女子はいて、群がる男どもに、内心「男子ってなんでみんな同じ女子が好きなの？」と思っていましたが、今の年齢で読むからこそ、そこにはリアリティーを感じました。

台　湾

『Au オードリー・タン 天才IT相7つの顔』
（アイリス・チュウ＋鄭仲嵐著、文藝春秋）

全世界で新型コロナウイルスが席巻するなか、いち早くマスクマップアプリを開発し日本でもその名が知れ渡ったオードリー・タン氏。35歳の若さで入閣し、台湾のデジタル担当大臣となったタン氏には、国民が意見を投稿できるプラットフォームを構築した功績のほか、興味深い経歴も多数。そんなオードリー・タン氏を台湾のジャーナリストが紹介したのが本書。

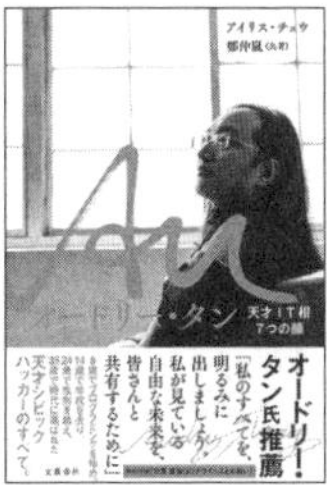

台湾で、新型コロナ封じ込めに大きく貢献したオードリー・タン氏には、その天才ぶりにはどういう経緯があったのかなど、もちろん私も大注目でした。本書にはタン氏の幼少期のことも書かれていますが、小学1年生で9元連立一次方程式を解き、8歳からプログラミングを学ぶ。4年生の時6年生に飛び級し、当時からあらゆる書物を読み、中卒ながら、世界中でプログラミングしていたその経歴は私の想像以上でした。

まさか年齢が私とは1歳しか変わらないのに、当時すでに中卒を選択し、オンラインコミュニティで知識やプログラミングの実績を積み、時には、プログラミングしながら世界を飛び回り、コロナ禍以前から台湾での在宅ワークを可能にし、アメリカの会社の仕事をする最先端すぎる生き方をしていたとは、日本でも一時注目され、私も憧れていたハイパークリエイターのさらに先を行っており、実に圧倒されました。

しかしながら、特に私が印象的だったのは、タン氏の言葉のユニークさです。たとえば、感情のコントロール法に関する質問に対しては、マイナスの感情は「精神のマッサージ」と表現したり、感情をコントロールする時には、2つの茶葉で新しいお茶をつくる対応策を教えてくれるタン氏、どの質問に対しても、それらの回答は実にクリエイティブで新鮮なのです。天才プログラマーというと、常にパソコンに向かい、どこか機械的で冷たいという古臭いイメージをいまだにしてしまう私だけに、タン氏の回答には驚かされました。さらに、何より私が刺激を受けたのは、すべては私達が生きやすくなるために行動しているというタン氏の「人間」性です。天才、神様のようといわれているだけに、私もどこか別次元の人だと構えていましたし、世間では、トランスジェンダーであることばかりが注目されることもしばしばです。私もタン氏を賞賛するだけでなく、自分も一緒にがんばらなければと強く思いました。

中　国

中国の旅行記（2001年・2002年・2003年）

中国は、ユーラシア大陸横断ヒッチハイクをしていた猿岩石への憧れから始まった私の世界旅行のなかで、絶対に最初に行こうと決めていた国でした。なぜなら、小学校の時、国語の授業で習った「矛盾」という故事成語の成り立ちを示す、あの有名な盾と矛を売る商人の漢文に、当時の私は大きな衝撃を受けたからです。

そのほか、「己の欲せざる所は人に施すこと勿れ」「過ぎたるは猶及ばざるが如し」「朋有り、遠方より来たる。亦た楽しからずや」などで有名な孔子の『論語』は、私の心の師でもありました。だからこそ、大学時代に中国哲学を専攻していた私ですが、孔子が生まれた中国で暮らしてみたいというのが、かねてからの私の願望でした。

そこで、最初の中国旅行は下見をかねて北京と上海のお決まりのパックツアーに友人と参加しました。北京の万里の長城や天安門広場見学&北京ダックの食事を楽しんだ後は、列車で上海に移動して、上海雑技団を観劇したり上海の市内観光をしたりしました。

一緒に行った友人も東洋史専攻の中国好きだったこともあり、有名な万里の長城はもちろん、本場の中華料理、中国の広い大地やどこまでも続く広い菜の花畑などに、ふたりして興奮したのを憶えています。とはいえ、添乗員さんには、ふたりとも無口だから楽しんでるかわからなかった、などと言われましたが……。

その後も、水墨画の風景として有名な桂林、あこがれの女優、長谷川京子さんがジャスミン役を演じてブレイクしたドラマ『九龍で会いましょう』に登場する2階建てバスが見たくて行った香港など、学生時代には毎年、中国に訪れました。『九龍で会いましょう』とは、『東京ラブストーリー』の原作者、柴門ふみさんによるマンガが原作のドラマですが、2002年にテレビで放送されていました。

そんな複数回行った中国旅行ですが、最も私が楽しかったのが、大学3年生の夏休みに、中国語を勉強するために滞在した雲南大学の寮での約1ヶ月間です。特に、雲南大学の比較的近くにあった雲南民族博物館は、すぐに私のお気に入りの場所になり、現在でも私の好きな世界の博物館ベスト2です。なかでも、そこで展示されていた美しい刺繍の数々や、チベット仏教の曼荼羅は印象的です。毎回人が少なく静かだった上、照明が薄暗い空間の中、しばらく多くの曼荼羅に囲まれていると、悟りが開けそうでもありました。

そのほか、寮に滞在中に訪れたそれぞれの民族の暮らしの様子、祭り、音楽、衣装など

中　国

の文化を体験できるテーマパークである少数民族村は楽しかったです。この村には、小さな船で向かうのがまずはおもしろいのですが、村の入り口に近づくと、遠くから音楽が聞こえてきます。すると、入り口付近にいたスタッフは、その微かな音で自然にステップを刻んだり、歌を歌ったり踊ったりしていました。人目を気にすることもないその様子や、園内で、それぞれが着ていた色とりどりの民族衣装などは、とても素敵でした。

また、雲南大学がある雲南省昆明には、世界でも珍しいカルスト地形であり、中国では「天下第一の奇観」といわれる、高い石が林のように林立している「石林」という観光地があります。そこでは、私も少数民族の衣装を着て写真も撮りました。

そして、かなり簡易的な店でよく食べていたセイロ単位で頼む、パクチーたっぷりのタレで食べるシュウマイは私の思い出の味です。私にとっては、生のパクチーはまさに洗礼でしたので、昨今の日本でのパクチーの流行には、とても驚いています。

とはいえ、大学時代の私は、中国語の四声は聞き

わけられないし、ゼミで毎日読まされるレ点などの返り点も何もないガチの漢文が、しだいにイヤになってしまいました。卒論こそ、『抱朴子』における仙人研究」という一丁前なテーマで何とか書き終えましたが、先輩たちには論文というより私小説風だ、などとさんざんバカにされたこともあり、中国哲学への愛もすっかり冷めてしまいました。そのため自然に中国とも距離が空き、気づけば学生時代以来中国には旅していません。

しかし、実は今にして中国への興味が再び高まっています。なぜなら、中国だけでなく韓国、トルコ、インド、欧米など、各国の歴史ドラマが好きな私が、断トツで豪華な衣装だと感じるのが中国だからです。中国の歴史ドラマに登場する衣装はいくら何でも盛りすぎでは？　と、思わされるほど豪華絢爛です。モリモリに盛られた髪の高さ、きらびやかな髪飾り、華やかな着物のようなドレスはまさに上から下までキンキラキンで、笑いそうになるものの、憧れます。若い子がやればインスタ映えは間違いないでしょう。

よって、そんな変身を40を過ぎてやるのは恥ずかしくもありますが、次に中国に行った時は、私も豪華な衣装を着て皇后になってくるつもりでいます。ドラマでも、俳優の年齢が高いくらいのほうが逆に「威厳のある皇后」感が増す上、皇太后となると、より貫禄があってかっこいいです。むしろ、今やるのはちょうどいいはずです！

中　国

『上海、かたつむりの家』

（六六著、青樹明子訳、プレジデント社）

舞台は中国・上海。家を買うことに執着して奮闘する姉、不倫の恋から抜け出せなくなり苦悩する妹。姉の夫、妹の彼氏や不倫相手などのそれぞれが、拝金主義、官僚の汚職、大都市の土地高騰などといった中国の社会問題に直面しながら生きていく、現代中国の問題をリアルに体験できる小説。

結婚、不倫、マイホームというのは、日本人だけではなく、世界共通の現代人のテーマではないでしょうか。たとえば、家のローンのために仕事漬けの毎日。当然ストレスがたまり、つい不倫に走ってしまうといった、それらに関する悩みや生活スタイルは、各国で共通する部分がたしかに多いものです。しかしこの小説の魅力は、不倫やマイホームに対する生き方で、こんなに国らしさ、すなわち中国らしさを表現することができるんだ！と驚かされた、その衝撃の大きさでした。

まず、タイトルの「かたつむりの家」とは、文字通り「かたつむりの殻のように小さな家」という意味ですが、中国の多くの人が、その狭さにもかかわらず、多額の住宅ローンを背負っていることが、まさに現在の中国の社会問題になっています。日本でも流行語大賞というものがありますが、中国風の世相を皮肉った表現になっているのです。たとえば最近では、「蟻族」「寝そべり族」、さらには「45度人生」という寝そべること（0度）が許されず、かといって起き上がって（90度）不毛な競争に巻き込まれたくないという意味の若者が自虐的に使い始めた言葉などを日本の報道でも目にすることがあります。

その現状の象徴になっている人物こそが、この本の主人公である姉妹の姉のほうです。小さい家のローン返済のために、姉は節約の鬼と化し、家でのご飯はいつもカップ麺で済ませるほどになるのですが、ローン地獄にハマった姉の態度の数々や、その家の狭さの描写には、かなりリアリティーがあります。一方、妹のほうは彼氏がいながらも、しだいにお金の力に負けて不倫に流されてしまいます。というのも、その不倫相手というのが、結構いいポジションにある公務員なのです。

そのことも大いに関係して、姉もだんだんと不倫をする妹をとがめることができなくなっていきます。不倫相手の利権によって、姉も仕事を斡旋してもらったりし、楽にローンを払えるような恩恵を受けてしまったからです。こうして姉自身、倫理的な罪悪感を感じ

中　国

ながらも、結局はマイホームがあきらめきれず、妹の不倫を黙認してしまいます。妹のほうも元々は不倫する気はなく、姉を支援したいとの気持ちからの行動でしたが、買い物の欲望が満たされ働かなくても生きていける状況に慣れ始めると、すぐにその魔力にハマり、結局不倫から抜け出せなくなってしまいました。

とはいえ、妹は単にお金持ちのおじさんと不倫しているというだけではなく、おたがいに好き合っている者同士としての純愛ぶりも描かれています。しかしそこにがっつり絡んでくるのが、中国特有の濃厚な家族関係、官僚の汚職、土地の高騰といった現代中国の社会問題の数々です。そして、最終的には不倫が相手の妻にばれる修羅場や、妹の不倫相手の職権乱用ぶりなど一連の悪事が明るみになり、事態はより一層深刻になっていきました。

ゆえに、ストーリーを説明するだけでは、日本でいう典型的な昼ドラを想像させるようなドロドロの展開が思い浮かぶかもしれません。しかし意外にも、それらの展開が非常にシンプルに描かれている本書。だからこそ、現代中国のリアルを実に自然に感じることができます。そんな中国でも話題となった本作、ドラマ化もされています。しかし上海で放送が始まった際には、1週間で突然、原因不明の打ち切りになったらしく、その理由は内容があまりに事実に即しているからだとみなが噂するほどだったそうです。

『中国55の少数民族を訪ねて』（市川捷護＋市橋雄二著、白水社）

5年間にわたって行われた、中国政府が公式に認定した55の少数民族すべてを訪ね歩いた日中共同プロジェクトの記録。各民族固有の習俗の紹介をメインとしながらも、現在危機に瀕している少数民族の現状のほか、奥地に住む民族調査の実態、または、その大変さをも伝えてくれる実に興味深い一冊。

中国の少数民族とはいえ、比較的多数派といえるチベット族、モンゴル族、ウイグル族、回族などといった民族名は、聞いたことがある人も多いのではないでしょうか。しかし中国には、国に認定されているだけでも55の少数民族が暮らしています。にもかかわらず、それらがまとまって記録されているものは、実はほとんどないようです。ゆえに、55の少数民族すべてが1冊になった本書は、世界初である上、それを日本語で読むことができるという非常に貴重な資料になっています。

たとえば、トールン族、リス族などといった、あまり聞いたことのなかった民族についての紹介の数々がとても興味深く、それぞれに魅力がある少数民族ですが、特に私が気になったのが、ユーグ族です。

本書によると、現在、中国の甘粛省に住むユーグ族ですが、まずはその言語事情が複雑なようです。アルタイ語系モンゴル語族とアルタイ語系トルコ語族の言語や漢語、チベット語を話す人がいるらしいほか、今でもチベット仏教を信仰しており、明代までは遊牧生活をしていたようです。ユーグ族は中国国内でもあまり知られていないそうで、その謎に包まれた感じが、ますます興味を惹かれました。

しかしながら、本書においてはひとつの民族に対して割かれているのは、ほんの数ページです。ゆえに、様々な民族が住んでいる場所、歌垣、宗教儀式、祭り、楽器、民族衣装などを簡潔に教えてくれている点、知らない民族名が続いても退屈にならず、読みやすくなっている点は本書の特長ではありますが、もっと詳しく知りたい気持ちにもなり、正直、物足りなさも感じてしまいました。

そこで、本書だけでは物足りないと感じた方には、２０１８年に刊行された『辺境中国』（デイヴィッド・アイマー、白水社）もお勧めです。ちょうどこの原稿を書き始めた頃に刊行されたので、どちらをメインにするか私自身も迷っていました。

というのも『辺境中国』は、『中国55の少数民族を訪ねて』が少数民族のそれぞれの文化を全体的に紹介してくれているのとは異なり、政治的問題を抱え、今まさにニュースでもたびたび報道されている中国の新疆、チベットのほか、雲南、東北部の一部の少数民族と、取り上げられている地域が絞られているからです。

それらの地域で、彼らが現在どのような暮らしをしているか、イギリスのジャーナリストが、自分の取材で見たままの厳しい現実を教えてくれています。

なかでも私が最も印象に残っているのは、国による宗教的制限が続くチベットにおいて、むしろチベット仏教やチベットの自然に憧れ、中国から来る若者が増えているという矛盾した現状が描かれている点でした。少数民族の現在の暮らしがわかる、『辺境中国』と本書。特性が異なる2冊だからこそ、私はどちらもお勧めしたいです。

中　国

『雪花と秘文字の扇』
（リサ・シー著、天羽由布子＋上原正子＋高瀬ゆか＋牧田史子＋森久美訳、近藤裕子監訳、バベルプレス）

舞台は清朝の中国。貧しい家に生まれながらも、美しい纏足のおかげで幸福な縁談に恵まれた少女。名家に生まれながらも、実家が落ちぶれたため貧しい家に嫁ぐことになった少女。ふたりの少女は、「ラオトン（老同）」と呼ばれる生涯の友として出会い、ともに育ち、結婚後も女性同士で使用する「ニュシュウ」という秘文字を使って文通し、強い絆で結ばれるのだが……。纏足によって、運命を分けたふたりの女性の物語。

中国の3冊目の本として、私は当初、本書と同じ清朝の末期に生まれた著者による『清朝の王女に生まれて』（愛新覚羅顕琦、中央公論社）を考えていました。また中国の歴史的なことといえば、文化大革命を取り上げた小説もいくつか読み、なかでもその時代を生きた両親を持つ著者による『１９８４年に生まれて』（郝景芳、中央公論新社）は、かなりのお私の気に入りです。しかし私は、最終的には本書を選びました。

もっとも、中国でかつて行われていた纏足は、ネガティブなイメージを抱かせてしまう可能性があり、本来ならあまり取り上げたくないテーマです。実際、本書を読んでいる間、私の足は何だかむずむずしていましたし、本書で描かれる纏足は娘たちが出産など様々な痛みに耐えられるようにするために行うといった、ちょっと理解に苦しむ説明や、絶叫しながら母親に纏足されるシーン、そして、本当に纏足だけで女性の人生が決まってしまうような展開などは、現代人の私からすれば、とんでもないことのように感じてしまいました。

しかしながら、ここで描かれる「ニュシュウ」などといった当時の女性の文化に関することのほか、厳しい現実を生き抜いていく女性たちのその姿からは、纏足の残酷さだけにとらわれていてはいけないのかもしれない……。などといった、実にいろいろなことを考えさせられ、女性の人生と運命についてが、私の心にひっかかったのです。

というのも、この物語の主人公は、美しい纏足の持ち主というただそれだけのおかげで、縁談にも恵まれ、婚家での苦労もなく、地位、名声、お金そのすべてを手に入れ、実に安泰な人生を送ります。しかしその一方で、妹は纏足が原因で亡くなり、ラオトンの絆

中　国

で結ばれた親友は姑からのいびり、夫のＤＶ、貧しさなどで苦しむというまさに正反対の人生を送ります。つまり、主人公の身近な女性たちは、けっして幸福ではないのです。

そのため主人公は後半、親友の不幸を直視できないつらさや、同じ女性の苦しみを救ってあげることができない自分の無力さや、世の中の非情さといった耐えがたい現実に直面するのですが、親友の苦しみを傍観するその主人公の姿は、まさに自分だけよければいいのか、自分は苦しんでいる女性のために一体何ができるのだろうかといった問いを、他人事として読んでいる私自身に投げかけられているようでもありました。

現在も、ＤＶによる女性の被害のほか、海外における児童婚などのニュースがたびたびメディアに取り上げられます。そのたびに、「私には何ができるのか」と気にはとめながらも何も行動できない自分のその姿と、本書の主人公の姿は、一致するものがあります。そういう意味で、本書の物語は単なる昔の話としてではなく、現代においても続く問いをつきつけてくれたのであり、実に心に突き刺さりました。

ちなみに、本書で初めて知って興味を持ったニュシュウという女性だけに伝わる秘文字については、中国湖南省で現地調査をされた日本人の研究者、遠藤織枝さんによる『中国の女文字』（三一書房）でも詳しく知ることができます。

タイ旅行記（2001年）

今から20年以上前、私が海外旅行をし始めた大学時代、スマホはもちろん存在せず、携帯電話の機能はほぼ電話だけ。カメラはついていないし、同じ通信会社同士でのみ可能なショートメールしか送受信することができない時代でした。学生がひとり一台パソコンを持つことも、ひとり暮らしでインターネット回線を引くようなことも多くなく、ネットで何か調べたい時は、わざわざ大学のパソコンルームや図書館に行ったりしていました。

ゆえに、その後登場したスマホは、私の海外旅行において、まさに革命的なアイテムになりました。旅行代理店に行かずに家や海外にいながら、飛行機もホテルも予約可能。行きたい場所や何があるかなども、個人ブログなどから大量の情報を即時に入手することができる上、現地の地図を事前に見て行き方を予習することもでき、方向音痴の私には大変ありがたく、便利という言葉では足りません。

さらには、旅行先から心配する家族や日本の友人と、メールどころか無料のテレビ電話も可能、現在のスマホの性能ならカメラさえ別に持っていく必要はありません。スマホが

タイ

当たり前となった現在からすると、かつての状況が信じられないくらいですが、今でも海外旅行のたび、便利すぎる世になった現在をいまだに受け止めきれていないというか、現在の進化への驚きと感動で胸がいっぱいになってしまいます。

　そんな前スマホ時代、私が行った場所で抜群に楽しかったのが大学時代のタイ旅行です。エメラルド寺院やワット・アルンといった数々の有名寺院や名所のほか、タイの象徴ともいえる大きな涅槃像、象に乗ってのアユタヤ朝&スコータイ朝の遺跡の散策や見学、おいしい南国フルーツやタイ王朝のスイーツ、ココナッツカレー&グリーンカレー、水上マーケットや夜の繁華街での買い物、タイ舞踊観賞などなど……。これらすべてを存分に堪能できて、当時、価格は約4万円でした。現在ではLCCなど格安航空券も豊富ですが、コロナの影響や円安の現在からするとかなりのコスパの良さでした。

　そんなタイ旅行で見たタイの景色の美しさ！　20年経った今でもはっきり覚えています。なかでも、ワット・アルンとエメラルド寺院の美しさは、タイの後に訪れたピラミ

ッドやアンコールワットといったビッグネームの世界遺産、そして、ヨーロッパの世界遺産とくらべてもまったくひけをとりません。

まず、「暁の寺」を意味するワット・アルンは、三島由紀夫の同名の小説（『暁の寺』）の舞台でもありますが、実際のワット・アルンは白を基調とした平面的ではない階段状に組み合わされた幾何学的な建物に、陶器の破片でつくられたカラフルな小さいお花模様などが装飾されています。かわいさとロマンチックさがあふれた寺院ゆえ、小説の内容から私がイメージしていたのとはちょっと違うのも興味深かったです。

また、正式名称をワット・プラケオというエメラルド寺院は、内部に安置されているエメラルド色の翡翠でできた仏陀像がその由来となっていますが、仏陀像以外にも、その緑色は使われています。なかでも、経典が収められている書庫の建物に施されている黄金とエメラルドのモザイクで覆われた装飾は、熱帯の国タイの強い日差しの光で、一層輝いて見えました。美しい緑色というと、自然な植物の色が私は好きですが、エメラルド寺院の緑色には、時間も心も奪われずっと眺めていました。

そのほかにも、数々の仏教遺跡に触れたタイ旅行ですが、全体的にタイの仏教には、どこかファンタジー性を感じました。なぜなら、日本の大乗仏教とタイの上座部仏教という

タイ

宗派の違いや、タイの仏教におけるヒンズー教の影響といった背景もありますが、金がふんだんに使われた仏塔や寺院の屋根の神々しさ、大きい涅槃像、そして、アユタヤ朝やスコータイ朝の仏像や仏塔で囲まれた、まさに仏教都市といった立体的でスケールが大きいタイの仏教遺産などからは、目だけではなく、仏教を体全体で味わえたからです。

しかし、タイの歴史を調べて行かなかった当時の私は、ワット・アルン＝「かわいいー！」エメラルド寺院＝「わー、きれーい！」、ココナッツカレー＝「おいしい！」、象に乗って遺跡見学＝「すごーい！」、免税店＝「安ーい！」。そんな単純な感情だけでした。エメラルド寺院に置いてあったアンコールワットの模型には、やっぱりすごいんだな、とむしろそっちに気をとられる始末だったほか、さっそく買った象模様の帽子をかぶって観光したり、おいしそうな食べ物を前につい焦った私は、新婚旅行に来ている若い夫婦の前で食べ物を喉につまらせて大騒ぎになったりと、まさに浮かれた観光客そのものでした。

また、タイが海外旅行２か国目だったこともあり、私は食べ物も観光名所もすべてのレベルが高すぎるタイをこれが普通だと受け入れてしまいました。そのため、その後しばらくは予習少なめで、ほかの国々に行ってしまったことを今はかなり後悔していますが、どうやらタイで感覚を狂わされていたようです。

『地球で最後のふたり』

（プラープダー・ユン著、吉岡憲彦訳、ソニー・マガジンズ）

舞台はバンコク。自殺を図ろうとしていた日本人のケンジと、交通事故で妹を失ったタイ人のノイ。無口なケンジと陽気なノイ。徐々に心を通わせるふたりだったが、ケンジにはある秘密が。一方、すでに日本行きが決まっているノイではあるものの……。果たしてその日本行きの実態とは？　タイと日本の闇社会が絡む、悲しくもちょっとお洒落なラブストーリー。

タイ人作家の小説は、残念ながら日本ではあまり翻訳されていないようです。そのことをタイの小説を探していて初めて知りました。タイだけでなく、私が旅行したことがあるベトナムやカンボジア、インドネシアなど東南アジアの国々の文学は、日本語にはほとんど翻訳されていないのが現状のようです。そんなこともあり、東南アジア文学を探していて「改めて文学って何なんだろう？」ということを考えさせられました。

たとえば、「文学って、成長著しい現在のアジアにおいてはいまだにその数が少なく

タイ

て、経済的余裕がある先進国でしか需要がなく、良い作品もないものなのだろうか？」とか。

「欧米などの先進国の文学からのほうが、進んだ価値観や文化的なものを学ぶことができるということなのか？」または、「現在は英語圏のイギリスやアメリカ文学が翻訳文学の多くを占めていて、もちろん作品数や需要も多いからこそ、それだけ良質なものが多いのだろうけど、今後も東南アジアや諸外国の文学は、マイノリティのままなのだろうか？」など。これら様々なことを考えていると、むしろそれら翻訳がない国々の文学こそ、ぜひ読んでみたいと思うようになりました。

そんななか、たまたま図書館で見つけたのが『アジアの現代文芸』シリーズ（大同生命国際文化基金）です。成長中の国だからこそ、さまざまな葛藤、若いエネルギーなども存分に感じることができたように私は思いました。

以上、つい前置きが長くなってしまいましたが、アジア文学の翻訳が少ない現状を通して、文学とは何か？　ということをそれぞれの読者が改めて考えるいいきっかけになればなと思い、また、今後はアジア文学がたくさん翻訳されることに期待を込めて、あえて書かせてもらいました。

そして、本書は私がようやくみつけた、貴重なタイ人作家の一冊です。浅野忠信さん主演で映画化もされているので、映画を観た方もいるかもしれません。しかも、本書の作家はポストモダンのタイ人作家として人気があり、日本でも何点か翻訳されています。現在はタイドラマやタイコスメなども若者の間で人気がありますし、ポップな小説である本書は、タイ文学に興味をもってもらうのには、まさにぴったりの一冊です。

ただ、本書の主人公であるノイは、自分の体を生業にする女性です。それゆえ、ほかの選択肢がないタイの女性たちの多くが日本のヤクザに搾取されていることが描かれている本書は、日本人の私からすると、心が痛いストーリーでもあります。

しかしながら、ヤクザや殺人といった重苦しい描写と、主人公ふたりのはかない恋や、それぞれが生きる希望を取り戻していく姿との対比は美しく、それらが少ないページ数で表現されているのが本書の魅力でもあります。たとえ映画を観ていなくても心に映像が残る作品だと私は感じました。

ちなみに、読了後3年越しで私もようやく映画も観ましたが、ふたりのシンプルな会話とタイの風景がとてもマッチしていました。

タ　イ

『奇界紀行』

（佐藤健寿著、ＫＡＤＯＫＡＷＡ）

世界各地の奇妙なものを博物学・美学的観点から撮影している、写真家の佐藤健寿さんによるフォトエッセイ。謎の古代遺跡、ＵＦＯ村など、観光では訪れない知られざる世界中の数々の不思議な場所で、佐藤さんは一体何を思っているのか。タイからは、ラチャヤイ島の海底石像と地獄寺を紹介。

本書は、残念ながらレギュラー放送が終わってしまった、と思っていたら、２０２２年10月に復活したテレビ番組『クレイジージャーニー』のファンにはおなじみの、写真家・佐藤さんによるフォトエッセイです。彼が紹介してくれる奇界遺産を知ると、「今まで見てきた世界遺産は何だったんだろう？　私の世界旅行はやり直しだな……」と、正直がっくりきてしまうほどのショックを受けます。同時に「やっぱり世界は不思議で満ちあふれているな」と、ますます世界旅行が楽しみにもなってきました。

そんな世界を旅する佐藤さんですが、タイは、アジア最大の珍奇大国だそうです。たとえば本書で紹介されているタイの地獄寺は、ほほえみの国と呼ばれ明るいイメージのある一般的なタイ像とは正反対で、非常に興味を惹かれました。極楽浄土の世界観をもつお寺が多いなか、まさかの「地獄の寺」。聞いただけでもわくわくします。

とはいえ、タイの地獄寺は、人によってはその奇妙ぶりを楽しめない人もいるかもしれません。本書では銃で撃たれたゾンビのほか、阿鼻叫喚の地獄絵図がえんえんと繰り広げられているタイでも最大級の地獄寺ワットパイロンウアが紹介されていますが、それくらいここでは地獄の恐ろしさがこれまでかと再現し尽くされています。

しかしながら、そもそも、地獄寺とは、仏教の信仰心も厚いタイだけに、教育目的でつくられたという面もあるそうです。つまり、悪いことをしたら地獄に落ちるといった仏教の戒律を、子どもたちにわかりやすく教える道徳的要素を兼ね備えているのです。とはいえ、数多くある地獄寺のなかには、ドラえもんが登場するものもあるようですし、いっけんグロテスクに見えながらも、「奇界」な地獄寺にはギャグマンガをかけあわせたような笑いの要素もあるのです。

ちなみに、タイの地獄寺は、2019年に研究書も出版されて話題になったこともあり、その認知度は日本でも上がってきています。ですが、たとえば日本人は「極東のライ

タイ

ト寺ユーザー」、タイ人は「ヘビー寺ユーザー」などとさらっと書く博識な佐藤さんによる独特な表現と視点も楽しいのが本書です。ぜひ読んでみてください。

『シャムのサムライ 山田長政』

（幡大介著、実業之日本社）

舞台は17世紀初頭のシャム国（現在のタイ）のアユタヤ。朱印船で日本からシャムに渡った山田長政は、異国の地でどのような人生を送ったのか？　人質となったソンタム王を救出し、王族の娘と結婚したほか、日本町の頭領となりカンボジアやスペインとの戦争でも活躍。しかし、王からの厚い信頼を得て、貴族の最高位にまで上りつめた長政は、ソンタム王の死後は、熾烈な後継者争いに巻き込まれる……。山田長政の波瀾万丈の生涯とは？

タイにあった日本人町、そこで活躍した山田長政のことは、私はその名前しか知りませんでした。そこで、手にとった本書ですが、うっすら商人のイメージがあった山田長政が、まさかここまで有能な武将であり、外国人ながらタイで最高位にまで出世した人物だったとは。驚いたと同時に、むしろ、それら歴史的背景が非常に興味深く600ページという大作にもかかわらずまったく長さを感じませんでした。

たとえば、本書の時代背景となっている1600年代初頭は、徳川の世が始まってはいたものの、依然として豊臣側とのにらみ合いが続くピリピリした時期でもありました。そのため、豊臣側の牢人衆が武器などを求めてタイで暗躍すると同時に、タイでも日本同様に徳川側と豊臣側の派閥争いが繰り広げられている様子は、非常にリアリティーがありました。

そのほかにも、当時の背景として描かれる王家の警固を外国のポルトガル人銃兵隊や日本人部隊に任せるほどの平和が続くタイの政治状況や、アジアに進出し始めたポルトガル、スペイン、オランダといったヨーロッパ人に加え、インド洋の貿易商や、イスラム商人の姿も多い、東西の海の交易を仲介していたアユタヤの繁栄ぶり。

または、戦争や交易で象が活躍する光景や、当時はカンボジアにも日本の牢人衆たちが渡っていたこと、さらには、豊臣家の残党だけでなく没落した名家、キリシタンといった

タイ

多くの牢人も出した日本の状況などの描かれ方は、非常にわかりやすいです。

そんな、活き活きとした17世紀初頭のタイの情勢も鮮明に伝わってくる本書ですが、その序盤で描かれるのが、先王の死で旗色が悪くなったことに焦り、すでにタイで貴族の身分を有していた豊臣勢の頭領が王宮を占拠する事態でした。その緊迫したなか、日本人の面目もかけてソンタム王を救出し、残党を追いつめた人物こそが、山田長政です。

その活躍もあって、日本では徳川の侍大将の駕籠を担ぐ身分でしかなかった山田長政ですが、異国のタイでは、救出した王の死後も影響力をもち、最終的にタイの後継者争いの二大巨頭の一派のトップになるほどの重要人物にまで上りつめました。それらの詳しい様子が、本書のストーリーではありますが、結局は、ほかの日本人との仲が微妙になってしまい、そのことが、長政の命取りになってしまいました。

どこまでも波瀾万丈な山田長政の生涯を思うと、非常に感慨深いです。

カンボジア旅行記（2007年）

アンコールワットは遺跡好きの私にとって、エジプトのピラミッド同様、憧れの聖地です。その気持ちが抑えきれなかった私は、同行者が見つからないなかひとりで旅立ちました。が、社会人になって初めてのその海外旅行は想像以上に感動的でした。

とはいえ、現在はだいぶ変わっているとは思いますが、私が訪れた2007年当時のカンボジア（アンコール遺跡があるシェム・リアップ周辺）は、まだまだ道は舗装されていない泥道のようなもの、スーパーマーケットタイプのお店はほとんどなく、泊まっているホテルはたびたび停電……。ここまでインフラが不安定な国は、私にとっては初めてだったので、のんきに観光してもいいのか、当初は戸惑ってもいました。

しかも、食べ物は、麺類が甘かったり、名物のかぼちゃプリンは薄味。その上に酷暑が続く日中ゆえ、食べ物も、気候も、私には合わないなーと感じていました。

しかし、遺跡観光（アンコールワット、アンコールトム、象のテラス、ライ王のテラスなど数々のアンコール遺跡群）が始まると、むしろ、感動の嵐に翻弄されました。なぜな

カンボジア

ら、アンコール遺跡の数々は、まさに時空を超えた存在といえばよいのでしょうか。四角い石が積み上げられた空間にいるのは、古代にタイムスリップしたようである一方、古代遺跡の迷宮を舞台にしたゲーム空間、もしくは、スタジオジブリの映画『天空の城ラピュタ』の世界の中に迷い込んだようにも感じたからです。

つまり、古代は自分の知らない遠い昔の時代ですが、現代ではそれらをゲームなどによってバーチャルに体験できます。そのため、古代空間とゲーム空間を同時に体験できるアンコール遺跡は科学技術がもっと進んだ未来の世界にいるようでもあり、自分がいつの時代のどこにいるかを忘れるような実に不思議な感覚を味わったのです。

今思えば、このような感覚を味わったのは、アンコール遺跡だけだったように思います。エジプトを訪問した時もかなりの興奮状態でしたが、アンコール遺跡の観光は、エジプトのように、カイロからルクソールへ飛行機で移動したような大きな移動がありません。遺跡のあるエリア内で数日間過ごしたことで、私のなかでは世界観が統一されました。

また、冒頭に書いたように、カンボジアのインフラは当時まだ未熟でした。それによって、どちらかというと雰囲気が古代のように感じられたのが、逆によかったのかもしれません。周囲に遮るものがないため、日中だけでなく、朝陽や夕陽に照らされた、時間帯によって異なる遺跡の美しさを存分に堪能することができたのも、思い出深いです。

そして、やはり印象的だったのは、アンコール遺跡の彫刻の美しさです。まさに彫刻劇場であるアンコールワットですが、そういわれる所以である彫刻の意味や歴史などが、『アンコール・王たちの物語』（↓80ページ）では解説されています。

しかし、残念ながら、その彫刻の美しさを感じながらも、カンボジアを訪れた当時の私は完全に勉強不足でした。しかも、多少知識を得た今、彫刻の美しさの余韻に浸ろうと写真を見返してみると、よりかっこよく撮ろうとしてなのか、わざわざ白黒設定やセピア設定で撮影しているものもありました。

海外旅行を始めた頃はインスタントカメラを持参しており、旅の後半になると枚数が足りなくなって、撮影を泣く泣く諦めたこともありました。それゆえ、デジカメが相当うれしかったのだとは思いますが、やはりすばらしい遺跡は普通に撮るのが一番です。今さらながら反省しています。

カンボジア

『バニヤンの木陰で』

（ヴァディ・ラトナー著、市川恵里訳、河出書房新社）

舞台はクメール・ルージュ政権下のカンボジア。大好きだった父や家族との別れ、繰り返される粛清や食糧難を目の当たりにした当時７歳だった少女は、何を感じ、いかにして生還を果たしたのか？　当時の様子が少女の回想で進む物語。

他国で起こった虐殺や、内紛、汚職などを題材にした小説は、歴史的事実をしっかり受け止めることも大事だとはわかっていながらも、それが事実なだけに心が痛むものです。それだけに、私自身は直視できないというか、読むのが怖い派です。カンボジアのクメール・ルージュ時代のことについては、その指導者であるポル・ポト関連や当時の大虐殺についてなど、いくつかの関連本がありますが、私はあまり読めていませんでした。

そんななか偶然出会えたのが本書ですが、子どもの目線で描かれているおかげで、惨状に捉われずに読み進めることができた上、当時の惨状がリアルに書かれているわけではないにもかかわらず、当時の状況をつかむこともできました。

もっとも、こういった痛ましい歴史的な出来事に関しては、リアルに表現された作品を好む人も多いと思います。しかし、こういったソフトなものがあると、最初に読むにはすごくありがたいなと私は思いました。

というのも、本書の場合は、王族の血を引く詩人だった大好きな父や、家族との大切な思い出を語るために、おぼろげな幼い時の記憶を頼りに語るという形式がとられています。思い出す過程で、あのような歴史的な出来事があったという形で触れられているのであり、本書のメインパートは祖国での家族との思い出になっているからです。

戦争文学では、あまりにも文学的に表現されることで、戦争や内紛といった出来事の悲惨さが薄まる。もしくは、そこに住む人々は必死に生き延びている、ある意味英雄であるにもかかわらず、読み手はただ同情するだけで終わるといったことにもなりえます。

しかし本書は、悲惨な歴史を受け止める器がない私のような初心者にとっては、読みやすく、歴史的事実を自分で調べて知るきっかけにもなった本でもあります。

カンボジア

『僕がカンボジア人になった理由』

（猫ひろし、幻冬舎）

カンボジア人になって、２０１６年のオリンピック・リオデジャネイロ大会にも出場した芸人の猫ひろしさん。なぜマラソンを始めたのか？　なぜカンボジア人になったのか？　リオオリンピックの裏側などの実情を語ってくれた、おもしろいエピソード満載の一冊。

ここでは、元・日本国籍の人の本よりカンボジアの人が書いたものを紹介するべきかもしれませんが、本書からは、「カンボジア人としてもっと認知してもらって、カンボジア人としてアピールしていきたい。オリンピックが終わっても、外タレとして頑張りたい」という猫ひろしさんのカンボジア人としての熱意が存分に伝わりました。

また、猫さんがマラソンの拠点とするシェムリアップは、首都プノンペンから３００キロ以上も離れた街です。その点では、カンボジアのローカル本としてもふさわしいと思い、やはりあえて本書を紹介することにしました。

とはいっても、普段から、ピースの又吉直樹さんの小説のほか、オードリーの若林さん、ハライチの岩井さんのエッセイなどに、はまっている大のお笑い好きな私ですから、若干お笑い芸人さんの本はひいきしている面はあります。ですが、バカリズムさんの『都道府県の持ちかた』（ポプラ社）は私が働いていた東大生協書籍部でも好評でしたし、読んだ内容プラス笑いがある芸人さんの本は、たまに読むとリラックスもできますし、やはり抜群の安定感があるのではないでしょうか。

ゆえに、本書もさすが芸人さんの本だけあっておもしろいエピソードが満載でした。たとえば、オリンピック出場時に、猫さんの定番ネタである「ニャーポーズ」を決めるべきか、まじめにやるべきかボケるかという、芸人さんならではの悩みや、リオオリンピック時の選手村での設備の不備の数々など。トイレの電球が突然落ちてきたとか、温水プールの温度が突然53度！になったことなどは、ネタではないのに、笑ってしまいます。

その一方、本書からは、猫ひろしさんのマラソンに対する真剣さも伝わってきます。だからこそカンボジアの国籍までとったこと、しかしそれに対して「カンボジア人が出場できなくなる」といった批判が多く寄せられたこと。さらに、せっかく国籍を変えたにもかかわらず、ルール変更に伴いカンボジアでの居住年数が足りず、２０１２年のロンドンオ

カンボジア

リンピックには出場できなかったこと、また、なぜ自分が選ばれたのかというその選考過程など、それらを正直に語ってくれているため、私が疑問に思っていたことも解消され、とてもすっきりしました。

そして、本題であるカンボジア人のゆるエピソードもおもしろいです。たとえば、オリンピックの時に誕生日会をサプライズでしてくれたのはうれしかったけど、実は日にちが1日ずれていたこと。インドネシアでのマラソンの国際大会に出場する際、いくつもの飛行機を乗り継いで到着したにもかかわらず、なかなか動かないので不思議に思っていると、空港の床で横になり始めたスタッフが、「ここがホテル」と言ったエピソードなど。試合前のナーバスな状況を考えると、実際には笑えない気もしますが、お笑い芸人さんが語るからこそ、つらい体験さえ、仕上がっているなと安心して笑うことができました。

さらになんといっても、マラソンのトレーニング風景は印象的です。基本的に暑いカンボジアですが、アンコールワットの周りは森に囲まれていて意外と涼しく静かで落ち着くうえ、そこでは地面が赤土で練習に適しているそうです。カンボジア人だと遺跡の中も無料、新しい道をどんどん紹介してもらって、見たことのない遺跡を見られるのだそうです。

『アンコール・王たちの物語 碑文・発掘成果から読み解く』
（石澤良昭著、日本放送出版協会）

アジア最大の石造伽藍であるアンコールワット。しかし、その詳細はあまり知られていない。アンコールワットは、誰が、何の目的で作ったのか？　それらの謎と歴史を碑文と発掘成果から、わかりやすく解説してくれた一冊。

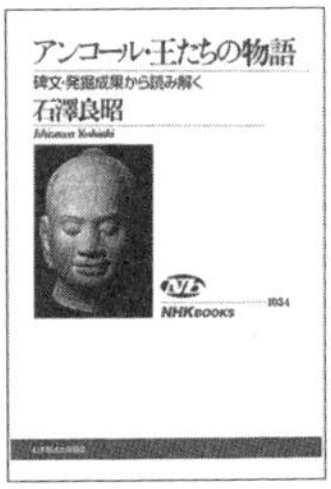

カンボジアといえばやはりアンコールワットです。しかし、世界的にも有名で人気のある世界遺産のアンコールワットに関する記録は少ないようで、そのことを私は残念に思っていました。そんななか、のめりこんで読んだのがこの本ですが、遺跡に残る碑文から、アンコール朝約６００年間の王たちのことが解説され、まさに小説のように読むことができました。

とはいえ本書はまず、６００年間の栄華を誇ったアンコール朝の前の時代から始まります。そのため、当初は聞き慣れない王の名前などに苦労し、「アンコールワットはいつ出

カンボジア

てくるんだろう？」と、何だかそわそわもしました。しかし、前アンコール時代の７１３年には、クメール古代史で認められる唯一の女性君主がいたらしく、非常に興味がわきました。そのあたりから、私は本書の内容に、より没頭し始めました。

そしていよいよ、８０２年、アンコール朝の創始者であるジャヤヴァルマン2世が、それまでいくつかの小王国に分裂していたカンボジア全土を制圧し、覇権を握りました。ただ、その後の王は必ずしも世襲ではなかったため、たびたび後継者争いが起きます。よって、その後続くことになる後継者争いの様子は、アジア各国の海外宮廷ドラマを見ている私にとっては、当時の宮廷の様子がドラマのように目に浮かんでくるようでもありました。

それにしても、本書で解説されるアンコールワット以外の遺跡については、非常に参考になりました。というのも、実際にアンコールワットを旅する人のほとんどは、アンコールワットだけではなく、その周辺にある象のテラスや、アンコールトム、数々のヒンズー教・仏教寺院も見学します。そのため、それらの建設物の時代や王を解説してくれている本書を読むと、「これは見たな」「だからこっちはヒンズー式で、こっちは仏教様式なんだな」といったことがわかり、すべてが私のなかでもつながったからです。

たとえば、アンコールワットの建立者であるスールヤヴァルマン2世は、それまで多かったシヴァ神でなく、ヴィシュヌ神を信奉したそうです。一方、アンコール朝が絶頂を極めた12世紀末頃に統治していたジャヤヴァルマン7世は、仏教徒王だったようです。なので、聞いてくれる人はいないのですが、読んだ直後はせっかく覚えた難しい王の名前などを私は言いたくて言いたくて、しょうがありませんでした。

そしてなにより本書で忘れてはならないのが、アンコールワットの彫刻の美しさを堪能することです。たとえばインドの大叙事詩『マハーバーラタ』の戦闘場面や、インド伝来の神話などがカンボジア流に脚色されて断片的に採話されたもうひとつのインドの大叙事詩『ラーマーヤナ』の場面。または、インドの『ラーマーヤナ』原典には載っていないクメール人たちの土着のエピソードが付加されている出典不明の絵柄や軍隊の大行進のほか、水中動物がひしめき合って海中を泳ぎ回る想像上の魚や野獣、そして、カンボジア版「乳海攪拌」の場面など。彫刻の美しさはもちろんですが彫刻のテーマも壮大です。

ゆえに、私が何よりも後悔したのは、この本をアンコールワットに行く前に読まなかったことです。この本でアンコール遺跡に関する歴史をより知っていたら、感動もさらに増していたはずでした。若い頃は「すばらしいものは、まず何も知らない状態でその偉大さを感じたい」などと思っていた私。それが本当に恥ずかしいです。

ベトナム旅行記（2014年）

ベトナム旅行の一番の目的は、花鍋を食べることでした。私は、花や植物に特に詳しいわけではありませんが、スペインのひまわり畑、カナダのメープル街道など、花や植物をメインにした旅行プランを立てたり、お土産には必ず、その国名産の花や植物の加工品や雑貨を買って帰っています。

たとえば、トルコのローズウォーターの化粧水、タイの花をモチーフにした結婚式用の飾り石けん、花の模様があるロシアのマトリョーシカなど。旅において、花を重視する点は、私の乙女チックな一面かもしれません。

とはいえ、ベトナムの花鍋を知ったきっかけは、テレビでみた大食い選手権でした。私も若い頃は、大食いが自慢でしたが、大食い選手たちが、がつがつ食べて競い合う様子と花鍋の可憐さ。そのギャップは、かなりおもしろかったです。

しかし、残念ながら、ベトナムで花鍋を食べることができる店の情報は少なく、何とか見つけたレストランで食べたものは、テレビでみたような、いかにも見た目重視、現在ならインスタ映えしそうな、かわいい花がたくさん入ったカラフルなものではありませんでした。私が食べたのは、かぼちゃの花など、どちらかといえば非常に地味なものでした。ただ、肉ではなく海鮮出汁ということもあり、魚介類とたくさんの野菜を食べる健康的な花鍋の味は、想像した華やかな花鍋とは違っていたものの、見た目のシンプルさ以上に、おいしかったです。

どうやら、花は季節にもよるらしいのですが、ベトナム本来の花鍋は、野菜や果物などの身近な花を入れて食べるのが一般的なようです。そもそも、花は摘みとると、すぐにしぼんでしまうなど、管理も難しいようなので、私がテレビでみたものは、エディブルフラワーを使った特別なものだったのかもしれません。最近では日本でもベトナムの花鍋を食べられるようなので、改めて味わってみようと思っています。

そして、ベトナム旅行のなかで、私が思いの外楽しかったのが、ハノイのチィエンクン鍾乳洞です。想像していた以上に、規模が大きかったです。まさに鍾乳洞の宮殿のようで、住むことを想像すると、リトルマーメイドの気分をリアルに味わえました。現在では行われていないそうですが、鍾乳洞を彩るカラフルな照明も、人工的ではあるので、好き嫌いはわかれると思いますが、私は好きでした。

ベトナム

そのほかには、ベトナム旅行定番の水上人形劇鑑賞や、ハノイのハロン湾クルーズにも行きました。が、結局、私がはまったのは、ホーチミンでのベトナム雑貨の買い物です。女性に非常に人気があるベトナム雑貨だけに、インテリアのセンスがない私は、どこか敬遠していました。しかし、実際に店に入ると、蓮の形をしたランプや、籠バッグなど、手作り感のあるかわいい雑貨の数々には、心惹かれました。

帰国して冷静になると、何となく部屋の雰囲気とは合わずお蔵入りになってしまい、そこで、一気に冷めて、結局は使わないことは、過去の経験からわかってはいたのですが、結局買い物欲を抑えることはできず、さっき買ったばかりなのに、また別の店にすぐ入ってはちょこちょこ買ってしまうことを繰り返していました。

しかも、ベトナム雑貨以外にも、フォーや春巻きの皮、ライム塩などの香辛料といった食材も買い集めた私達。帰りのスーツケースはパンパンでした。

『世界文学全集 池澤夏樹 個人編集1-6』所収
「戦争の悲しみ」
(バオ・ニン著、井川一久訳、河出書房新社)

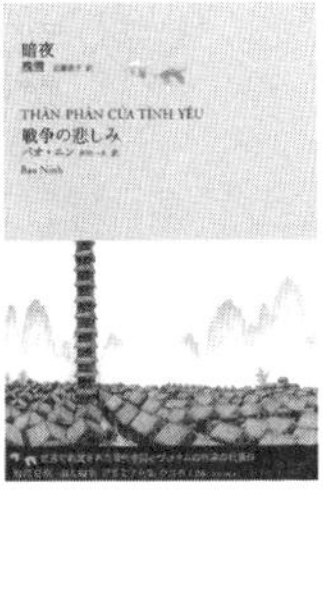

ベトナム戦争からただひとり生還したキエン。終戦後、ハノイの自宅に戻り、従軍前からの恋人であった美しいフォンと10年ぶりの再会を果たすも、結局は破局してしまったふたり。終戦になろうとも、戦争の惨劇の記憶や、自分だけが生き残ったことに苦悩し続ける生活を送るキエン。その上にのしかかる耐えがたいフォンとの別れ。キエンが語るベトナム戦争、そして、戦前・戦後のベトナムの様子とは?

私が戦争文学を読むたびに感じること。それは、「終戦」は全然終わりじゃないんだなということです。歴史の教科書にはさらっと書かれているようにも感じる終戦の年号。しかし当事者にとっては、終戦後は別のサバイバルが続いているという当たり前のことを、普段の自分はいかに意識していないか。本書からも痛切に感じました。

というのも、本書では戦時中、戦前、戦後の様子が何度も行ったり来たりしながら描か

ベトナム

れています。そのため、時系列に沿った進行にはなっていないその叙述の形式が、わかりにくいと思われることもあるそうですが、私にとってはその叙述形式こそが、キエンの精神の葛藤を増幅しているように感じられ、真に迫ってきたからです。

とはいえ、本書で描かれる、血や死体に囲まれるのが常態化した現実は、著者の実体験だと思わされるほどのリアリティーを感じます。あまりにむごく、読んでいると本当に参ってしまいます。しかし、そんな戦争の直接的な悲惨さに負けずに本書を読み通すことができたのは、やはりキエンやほかの登場人物の精神性に、より意識を向かわせてくれる本書の文学性や叙述スタイルのおかげでした。

たとえば、おぞましい現実に精神が崩壊し脱走兵となる部下の葛藤や、終戦後は遺骨収集隊に参加したり、生き残った使命感からそれぞれの生を書き綴ろうとするも、戦争の記憶に苦悩し、お酒に溺れてしまうキエンの心の傷の深さなど。登場人物の精神的苦悩が、本書からはどこまでも伝わってくるのです。

そこで、どれだけ文学的に表現されようとかなりの重苦しさが残る本書より、もっと明るいストーリーも探しましたが、やはり圧倒的な存在感のある本書と、同じくベトナム戦争が題材の『シンパサイザー』（ヴィエト・タン・ウェン、早川書房）という小説をお勧めすることにしました。こちらで描かれる、終戦後はアメリカで生活するも、いまだにアメリカのベトナム人上官に従う生活が続いている主人公の葛藤と、序盤の飛行機離陸のシーンがとくに私には痛烈でした。しかも、その光景をまさか最近のアフガニスタンの情勢で見ることになるとは（執筆時の２０２１年8月当時、アフガニスタンから撤退するアメリカ軍輸送機に多くの人が群がる様子が、連日メディアで報道されていました）。

『奴隷労働　ベトナム人技能実習生の実態』

（巣内尚子著、花伝社）

国内で急増するベトナム人技能実習生。日本での技術習得を目指してやってくるも、そこで待っている低賃金、長時間労働、危険な内容の仕事のほか、同僚や上司からの暴力、パワハラ、セクハラ、劣悪な住居環境といった問題の数々。そして、仲介業者に借金して来日する背景など……。彼らから聞き取り調査をした著者が明かすその実態とは？

ベトナム

２０１５年までは、中国人が多くを占めていた技能実習生。現在ではその半数以上を占めるベトナム人技能実習生への不当な扱いは、最近ではニュースで報じられることも増え、知られることが多くなってきました。私が働いていた日本語学校でもベトナム人学生は多く、日本の技能実習生については私にとっても身近なテーマです。

海外労働者送出というベトナムの国としての政策の裏で、暗躍する悪徳業者に若者たちが借金をして渡航している仕組みや、彼らを雇用する日本企業のブラックな対応。耐えられずに逃亡しても、待っているのは不法滞在者としての生活と多額の借金。にもかかわらず、彼らを支える日本側の体制の未成熟さなど。

もちろん、そうした実態は隠されたまま、労働者不足ゆえに技能実習生を受け入れている日本企業もあるのですが。本書は、文化や歴史の本よりベトナムの若者の実情がわかる本です。

マレーシア旅行記（2020年）

マレーシアには、マレーシア人の旦那さんと暮らす友達に会いに行きました。しかし、その滞在時間は最終目的地であるインドネシア・バリまでのわずかなトランジットの時間です。長く滞在できる便を探しましたが、確保できたのは5時間が最大でした。さらに、国際便である次のバリ行きの飛行機に乗るためには、2時間前の空港到着を考慮する必要があり、実質は残り3時間。しかもこれは、マレーシア到着便が遅れなければ、です。

幸運にも飛行機は定刻通りに到着しましたが、出国手続きに1時間もかかった上、車で迎えに来てくれた友達ともすぐには会えず、時間ばかりが気になってしまいました。とはいえ、マレーシアでの滞在は、友達とも再会。時間内で行けそうだと私が厳選した場所、ピンクモスク&ニョニャ料理も堪能でき、最大限に楽しめました。

その正式名称は「プトラ・モスク」という、バラ色の花崗岩が使用されたピンクモスクですが、その内部も、外観同様やさしいピンク色の世界が拡がっています。絨毯や壁や天井のピンクのアラベスク模様が非常に美しいです。窓にはブルーのステンドグラスが

マレーシア

輝き、全体のピンク色との対比もとても可憐でした。まさに、おとぎ話に出てくるような、幻想的で乙女チックなモスクです。しかしながら、場所は首相府の隣で行政の中枢に位置しているという、まさに、「現実」的な場所に存在するおとぎ話のようなピンクモスク、おもしろいです。

そして、何といっても初めて食べたニョニャ料理は、これまでの海外旅行のなかでも、私にとっては、かなりの上位にくるおいしさでした。頭の中では、「飛行機に乗れなかったらどうしよう」「バリ行きの飛行機が遅れてくれ」、そればっかりが頭をぐるぐるぐるぐる回っていて、本来なら味わう余裕などあるはずがないシチュエーションです。しかし意外にも、注文してすぐにきたニョニャ料理のおいしさは、脳にはっきりと届きました。

中華とマレーが融合したニョニャ料理だけに、その味は、スパイシーさが特徴のエスニック料理とは異なり、なじ

みのある中華の味がミックスされていることで、非常に食べやすかったです。その上、豊富なスパイスや、ご飯の下に敷いたりチキンを包んでいる熱帯の植物のいい香りが漂ってくるのが、本当に気持ちよく、黄緑色のご飯もまったく違和感がありませんでした。

とにかく、私のために辛くないメニューを選んでくれ、一緒に時間を心配してくれた友達、運転を頑張ってくれた友達の旦那さんには、感謝しかありません。

『レイチェル・クーのキッチンノート　おいしい旅レシピ』

（レイチェル・クー著、清宮真理訳、世界文化社）

2012年にイギリスのBBC、そして、世界150か国以上で放送された"Rachel Khoo's Kitchen Notebook"。世界で最も愛されているイギリスの料理人と言われているレイチェル・クーさんが、世界で見つけたおいしいものからインスピレーションを受けて考案した数々のレシピとは？　スープやサラダなどの前菜、肉&シーフ

マレーシア

ードを使ったメイン料理、パスタやスイーツなどメニュー満載のレシピブック。

レイチェル・クーさんはイギリスの料理人です。そのため、マレーシア人が著者の邦訳小説が少ないとはいえ、レイチェル・クーさんの父親がマレーシア人であることを理由に本書を選んだのは、彼女の大ファンである私の無理矢理感が出てしまっているのは、十分私も承知しています。

しかし、父のほか、オーストリア人の母、彼女が暮らしたイギリス、ドイツ、スウェーデン、または彼女が旅した各国の影響を受けた彼女のレシピを知ると、そこはご勘弁いただけるのではないでしょうか。

というのも、欧米の家庭料理のレシピというと、バターやチーズやお肉をふんだんに使った、「そりゃおいしいだろう」と思わせる典型的な洋食が多かったり、材料のハーブが日本では簡単に手に入らなかったりと、すぐにはマネできず、あまり参考にはならないイメージを私はもっていたのです。

しかし、野菜やハーブのほか、きのこ、ベリー類、ナッツといった自然のものを多く取り入れた、簡単かつ自由に作ってもできあがる、カラフルでお洒落な盛り付けの、見たこともない彼女の料理に、私は完全に魅了されました。

本書には、ルバーブ？　マザリーネル？　シャンテリークリーム？　といった、聞いたことのない材料や料理のほか、チョコレートとズッキーニといった想像できない組み合わせが出てくるにもかかわらず、まったく距離感を感じないのです。

むしろ彼女の、地元の食材や料理へのリスペクト、各国で受けた影響や経験、そして、レイチェル流のアレンジの独創性などを感じると、なじみのない料理ながら、絶対においしいと確信でき、自分では再現できないにもかかわらず、不思議と彼女の料理には満足できました。

そんな数ある彼女のレシピですが、本書のなかで特に私が気になったのは、「マッシュルームのポタージュ、ディル入りぷりぷり魚団子添え」「カリフラワーチーズバーガー」「はちみつでローストした桃のクレマカタラーナ」などのほか、スウェーデン料理であるケーキ仕立てのサンドイッチの「スモーガストルタ」、そして、彼女らしいかわいい仕上がりであるココットにリングイネパスタを縦に並べ、様々なきのこを差し込んでベシャメルソースとチーズをからめた「きのこのリガトーニ」です。

ちなみにレイチェル・クーさんの料理番組は、ＮＨＫでも放送されているため、夫と息子、家族みんなのお気に入りの番組でしたが、家族内で特に人気があったのが、「ヴェステルボッテンパイ」です。本書のレシピにはのっていませんが、彼女がスウェーデンできのことヴェステルボッテンチーズをたっぷり使ったこのパイをいつか食べてみたいです。

『きのこのなぐさめ』

（ロン・リット・ウーン著、枇谷玲子＋中村冬美訳、みすず書房）

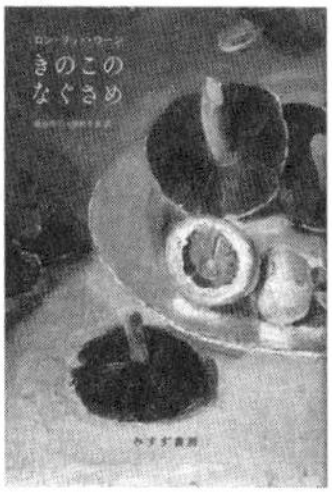

マレーシアからの交換留学生として、ノルウェーで文化人類学を学んでいた著者。ノルウェーで結婚し、幸せな夫婦生活を送っていたが、突然、夫が帰らぬ人となってしまう。そんな絶望した著者を救ってくれた、たくさんの「きのこ」たち。きのこ専門家の試験、きのこ愛好家との交流、充実したきのこ狩り、そして、おいしいきのこ料理の数々……。著者の悲しみを癒やしてくれた、きのこたちと著者の物語のような一冊。

私にとって、本書は非常に珍しい本でした。というのも、最初は単純にきのこの世界に興味を惹かれて手にとったにもかかわらず、意外にも、その中身は悲しみに包まれていたからです。身近な人の死というのは、想像さえしたくないものですが、実際にその経験をした著者の深い悲しみと喪失の苦しみ。本書からは、きのこのことを語ろうとしているのに、ふと漏れ出てしまったかのような悲しみも感じ、読んでいる私としても、当初はかなりつらいものがありました。

だからこそ、きのこが、すぐに著者の悲しみや苦しみを埋め合わせてくれたわけではありませんでした。が、きのこに没頭したことをきっかけに、再びゆっくりゆっくりと動き始めた著者の日常生活。そのリアルさが伝わることで、私の著者の文章への信頼は増し、様々なきのこエピソードが、私にもすっと入ってきました。

また、約120種類のきのこが登場する本書を読んでいると、自然豊かな緑の森の中で、なかには毒を持ちながらひっそり生えている、きのこのたたずまいが思い浮かびます。その情景とエピソードとのマッチさからは、私も癒やされる気がしました。

そんななか、やはり私が気になったのは、本書で紹介されているおいしそうなきのこの食べ方の数々です。著者がきのこにハマったのは、食べることが好きだったことも一因の

マレーシア

ようですが、たとえば、メープルシロップの香りがするともいわれるキャンディーキャップという芳醇な香りのする食用きのこで作るクリームブリュレや、「アンズダケとアプリコットのアイス」といったきのこのスイーツとしての食べ方には、私にとって興味津々でした。

そしてもちろん、本書にはマレーシアに関する記述もあります。たとえば、ノルウェーには当たり前である「日曜の散歩」という概念は、蛇がいるような危険な場所である熱帯雨林が拡がるマレーシアにはなかったゆえ、著者は森でのきのこ狩りにハマりました。中国や日本でよく食べられているシイタケは、マレーシアでは高級レストランにいった時に注文するごちそうであるそうです。著者の夫はマレーシア料理が大好きだったそうですし、それらのエピソードのどれもが印象的でした。

さらに本書では、世界的にも高価なきのことして有名な、日本で食べられているマツタケの香りは、ノルウェーでは好まれていないことにも触れられています。

シンガポール旅行記（2017年）

シンガポールには、出産後、初めての海外旅行で訪れました。というのも、私同様、トルコ人と結婚している知り合い3人が、突如同時期にシンガポールにバタバタと引っ越した上、その時期には、私の姉の友人家族もシンガポールへ転勤となったとのこと。偶然、姉もシンガポールに行く予定があったのです。それなら、私も姉・姪っ子と一緒に行こうということで久々の姉との海外旅行を私は楽しみにしていました。

しかし、飛行機のチケットを買った後、姉は仕事の都合で一緒には行けなくなったことが判明。その上、連れていく予定だった当時1歳だった息子も、航空券を買った時の名前とパスポート申請時の名前を間違えてしまうという私のミスのせいで、連れて行くのを断念。結局、私ひとりで行くことになりました。

とはいえ、当初は息子を置いて本当に旅行に出てしまっていいのか、罪悪感を感じていた私は、「シンガポールは、乗り継ぎ便を利用すれば往復、約3万5千円くらいで行くことができるから、東京から実家の広島に新幹線の指定席で行くよりも安いな、それなら

シンガポール

たとえ行かなかったとしても損ではないかな、我慢できる出費かな」などと考えたりして、直前まで行くのを迷っていました。

しかも、いざ羽田空港に着いてみると、飛行機には原因不明の遅れが発生しており、いつ飛ぶのかもまったくの不明状態。それなら、行ってもすぐ帰ることになれば疲れるだけだし、このまま家に帰ってしまおうかと本気で思っていました。ところが、チェックインすると、乗り継ぎ便が間に合わない可能性があるとのことで、同じスカイチームのＡＮＡの直行便に変更してくれたのです。というわけで、私はさっさと飛行機に乗り込みました。

直行便ゆえ、現地には早朝に到着。そこで、朝の涼しいうちに２０１５年にシンガポールで初めて世界遺産になった「ボタニックガーデン」で、熱帯の植物を観賞しながら散歩したいところではありました。が、時間の都合上、私は近未来型植物園として有名な「ガーデンズ・バイ・ザ・ベイ」のほうに向かいました。

こちらのガーデンエリアでは南極大陸を除く世界すべての大陸から集められた植物が展示されているそうですが、スケールの大きい熱帯の植物の中を歩き回るのはかなり清々しかったです。また、そのエリアにはシンガポールのガイドブックの表紙に使われることが多い、夜のライトアップ時には、上の部分が花火のようにも見える高さ25〜50メートルの人工植物であるスーパーツリーをつなぐ「ＯＣＢＣスカイウェイ」があります。私はそこを何周も歩き、ジャングルの上空を歩く感覚も堪能しました。

そして、午後からはマーライオンを見たり、こちらもシンガポールのシンボルのひとつである3棟の高層ビルをまたぐ巨大な船型屋上プールがある「マリーナベイ・サンズ」でのウィンドウショッピングをした後は東アジア美術館や、今回のメインであるプラナカン博物館にも足を伸ばしました。東アジア美術館ではたまたま韓国の歴史に関する展示がされており、韓国ドラマ好きの私にとってはかなりうれしかったです。

また、夜にはシンガポールに引っ越した3人のうちのひとりの家で、他の友人たちとも楽しく晩ご飯を食べたり、最近出産したばかりの友人の赤ちゃんにも会いました。そして夜、ホテルに1泊した翌日は、アラブストリートのモスク、インドタウン、チャイナタウンをまわってお土産を買い、シンガポール料理として有名な麺料理ラクサのほか、海南鶏

シンガポール

飯やフィッシュボール、アイスを食べ、夜は再び、スーパーツリーのライトアップや、マリーナベイ・サンズの噴水ショーを楽しんで、空港に向かいました。

かなり詰め込んだ旅行ではありましたが、まだ子どもが小さく、家にいることが多かったこの時期の旅行は、子どもと抱っこひもでつながってないことに違和感がありつつも、解放感もあってか、これまでの海外旅行より冒険している気分でもありました。

しかし、何のトラブルもなく終了することができたと思っていた出産後初の海外旅行には最後に大きな落とし穴が待っていました。どうやら私は、予約した飛行機の便の時間を勘違いしていたようです。空港に到着した時すでに飛行機は出発していました……。せめて、前の日に気づいていれば。

結局、「今乗りたいなら13万円」と言われたので、空港の硬い椅子で一夜を明かし、帰国を半日遅らせましたが、両親や夫には、「13万円払って予定通りに帰ってこい」と叱られた上、行きは直行便になったことを喜んでいたのに、結局トータルで6～7万円払うことになり、直行便と同じくらいの値段になりました。0時と24時の間違いは、今となってはいい教訓です。

『クレイジー・リッチ・アジアンズ』（ケビン・クワン著、山縣みどり訳、竹書房）

ニューヨークで出会った恋人同士のニックと中国系アメリカ人のレイチェル。しかし、ニックの出身地シンガポールで、ニックの正体が、誰もが狙う超お金持ちの名門独身御曹司であることを知ったレイチェルは、ニックの元カノや母親の妨害に遭う。そして明らかになる、レイチェルの出生の秘密。ふたりが巻き込まれるスーパーセレブストーリーとは？

本書は、２０１８年、オールアジア系キャストにもかかわらず、全米で大ヒットした映画「クレイジー・リッチ！」の原作です。新型コロナウイルスの流行をきっかけに、アジア系へのヘイトクライムが世界で増加する昨今ですが、ハリウッド映画ということは、結局はアジア的成金をどこか皮肉った感じの描写も含まれているのかなと、私は薄々思っていました。

しかし、読んでみると、シンガポールに暮らす華僑系のお金持ちたちの実情がよくわか

シンガポール

る内容はもちろん、その想像を超えたクレイジーな金持ちぶりに、庶民の私はやはり興味津々でした。というのも、ニックの金持ちぶりは、何も知らないレイチェル目線で私も知るのですが、作中でも、お城のような宮殿のような家へとニックに案内されたレイチェルは、当然「何これ?」となりました。その場面では私も一緒に唖然として、大爆笑してしまったのです。

しかも、その場所では、10年に一度しか咲かないものもあるといわれる月下美人の花を見るためのパーティーが開かれたり、豪華な食事が用意されています。そういった桁外れのお金持ちぶりが、本書の随所に描かれているのです。

ゆえに、本書の魅力は、全体的にそれらの描写が細かいことではないでしょうか。たとえば、プラナカン（↓108ページ）の伝統菓子や家のインテリアについてのほかは、バッスルスカートがついたオイスター・ピンクのドレス、マジョレル・ブルーのホルターネック・ドレス……などといった、特にファッションについての細かな描写が豊富なのですが、「それって何色?　どんなドレスなの?」と、やはり私は気になりました。そのひとつひとつの描写の細かさが、映画ではどのように再現されているのかを確認したくなり、公開中だった映画も急いで観に行ったくらいです。

つまり、それらの金持ちぶりを示す細かな描写こそが、セレブたちの内面の醜さをより強調しているように私には感じられました。他人がどのブランドの服を着ているかに常に目をひからせたり、ちょっとの差も見逃さず優越感の材料にするセレブたちの心の狭さや女性たち同士の醜い争いなどには、実にリアリティーを感じたのです。

たとえば、今まさに結婚式という時、祭壇の前でニックの友人の伴侶が考えていることと、それは、セレブのなかでもカリスマ的存在であるアストリッドが、何を着て来るかということなのです。それが最新のものではなく、別のパーティーで着ていたものだとわかった時の彼女の怒りは、相当なものでした。

よって、たとえお金があってもやっていることといえば欧米のブランドを買い漁り、それらを身につけること、完全なる西洋風ではないものの、豪華な宮殿みたいな家に住んだり、独身最後のバチェロレッテパーティーで浪費し、バカ騒ぎをしたり――これらは一見ダサいようにも感じました。しかし、その根底には、欧米の人に「貧乏なアジア人」とバカにされ続けた恨みがあったからこそ、お金を使って見返してやっているというあえて自分たちのパワーを見せつけるための行動であることも伝わってきます。それはそれで納得できる面もあり、読んでいる私の胸中は複雑でした。

しかしながら、御曹司のニックは、ブランド品を買い集めたり、より富を増やそうと不動産投資に没頭する本書に出てくるセレブたちとは、違うタイプです。これからの新世代セレブのニック、そして、知性を象徴するような職業でもある大学教授でもあるレイチェルは、結婚し、財産を受け継いだ場合、どうするのでしょうか。物語の今後を私も考えさせられました。

このような内容のほか、中国本土への憎悪や台湾や香港との違い、血筋を気にする中国系お金持ちの考え方など、そして、レイチェルの父親が中国で犯罪者になっている疑惑や、セレブのカリスマ的存在であるアストリッドの人生の詳細など、様々なことがストーリーに取り込まれている本書。全体的に読み応えは十分です。

『プライベートバンカー カネ守りと新富裕層』

（清武英利著、講談社）

舞台はシンガポール。プライベートバンカーという、富裕層

をターゲットにしたバンカーが見た本当のお金持ちの姿とは？　不動産バブルのシンガポールで、ただただ時間が過ぎるのを待つだけの資産家、若くして300億円を手にしたIT業界の寵児。伝説の相場師。脱税を監視するため潜伏している国税庁の調査員など、お金持ちのリアルがわかる一冊。

私が東大生協の書籍部で働いていた時に感じた東大生の特徴とは、ほかの大学に比べて金融系の書籍が売れるということでした。コンサルや金融業界に就職する学生が多いことがその一因ですが、東大生協で働くまでは、本書のような金融系の本は、私にはまったく縁のないジャンルでした。

そんな仕事の影響もあって読んだ本書ですが、その内容は、『クレイジー・リッチ・アジアンズ』の華やかな世界のまさに闇の部分を教えてくれているようでもありました。というのも、本書で明かされているのは自分のお金ではないとわかっていながらも、大金を目の前にした時に湧き上がる人間の欲望だからです。アジアの金融の拠点となることで成功し、多くのお金が集まるシンガポールですが、大金を手にしてきらびやかな生活をする人たちの裏側では、横領や、本書では未遂ですが、殺人事件さえ珍しくないようで

シンガポール

す。ノンフィクション小説である本書のリアリティーは十分でした。

また、本書が刊行された時期は、世界各国の富豪や首脳たちのタックスヘイブンの取引をリークしたパナマ文書が話題になった時期にちょうど重なっていました。そのため、日本語では「租税回避地」「低課税地域」とも呼ばれる、外国資本や外貨獲得のため、法人税や所得税の税率が極めて低い戦略的な地域でもあるタックスヘイブンのことが本書でも触れられており、そこは私にも勉強になりました。

さらに、日本の税制度についても、本書で初めて知りました。本書には相続税対策でシンガポールで無為に過ごす人々についてが、触れられていますが、その節税のためシンガポールに住んでいる人にとっては、その5年がつらくてプライベートバンカーには、幸せそうには見えないそうです（相続税の時効は原則5年、最長7年）。

そのほか、ベンチャービジネスの創業者やファンドの投資家が株式などを売却し、利益を手にした、「あがり」といわれる富裕層では、家庭円満な人をほとんどみたことがないそうですが、主には日本人の資産を管理する1億円以上の金融資産を持つ金持ちしか相手にしないといわれるプライベートバンカーは、ある意味富裕層の秘密を知るがゆえに危険な面もあるのです。みなさんもぜひその世界をのぞいてみてください。

『プラナカン 東南アジアを動かす謎の民』（太田泰彦著、日本経済新聞出版社）

プラナカンとは何者なのか？　その源流は15〜16世紀、中国南部の福建省、広東省から来た人たちが、マレー、スマトラ、ジャワで現地の女性と所帯をもち始めたことに遡る。その子孫たちに継承された中華、熱帯の文化、そしてヨーロッパの文化が融合されたプラナカン文化。鮮やかなパステルカラーの陶器や布、ビーズの刺繍、ハーブとスパイスをふんだんに使った料理の数々など。謎に包まれたプラナカンと呼ばれる人々と華やかなプラナカン文化がわかる一冊。

私のシンガポール旅行の一番のおめあては、旅行記でも書いたとおりプラナカン博物館でしたが、プラナカンに関する本は、これまでほとんどありませんでした。なので、私が旅行に行った翌年の２０１８年に刊行された本書は、私にとってはまさに待望の一冊でした。しかも、その内容は専門用語が多かったり、固有名詞が満載の歴史の詳細が羅列された難しいものでなく、非常にわかりやすくまとめられた良書です。

シンガポール

そもそもプラナカンと呼ばれる人々は、スパイスの貿易、ゴム農園の経営で成功した人のほか、19世紀にはイギリスや東インド会社と手を組み、アヘン取引、奴隷貿易などで巨万の富を得た者も多いといわれ、後ろ暗い過去がある人もいるそうです。それゆえ、現在でも、自らがプラナカンであることを非公表にしている人もいるそうです。

そのためか、シンガポール建国の父であるリー・クアンユーもプラナカンであることは非公表でしたが、２００８年のプラナカン博物館開館の際、リー・クアンユーの長男であり、シンガポールのリー・シェンロン現首相は、自身の出自に関するスピーチをしたそうです。なぜなら、シンガポールはアジアのなかでも金融、貿易、通信の中心として経済的には大成功をおさめています。が、そのいっぽう「文化砂漠」と揶揄されることも多いため、現在では、シンガポールの文化政策として「プラナカン」を前面に押し出していきたいというのも、一因だったようです。

とはいえ、シンガポールにはマレー系、インド系住民も多く、プラナカンの文化だけをシンガポール文化として押し出すわけにはいきません。そのため、現在の「プラナカン」とは、シンガポールに定住する様々なルーツをもつあらゆる種類の民族の少数グループも含んだ広義の意味もあるそうです。

そして、プラナカン文化は、実は日本とも深いつながりがあります。たとえば、プラナカン様式の建築に使われているタイルは、日本で明治・大正期に作られた日本製が多いようです。さらに現在では、プラナカンの雑貨は若い日本人女性に人気があり、多くの日本人がプラナカンの雑貨を買い求めてもいます。しかし残念ながら、戦時中はそのプラナカンの富が日本軍の標的となったという日本人には胸の痛い過去の詳細も、本書では明かされていました。

ちなみに、私がマレーシアで衝撃的な出会いをしたおいしいニョニャ料理ですが、実はプラナカンの伝統料理です。「ニョニャ」とはプラナカンの女性のことをさしているのだそうです。

加えて、最後に素敵な小説を一冊、紹介させてください。それが、シンガポール生まれでマレー語と英語で創作活動をしているアルフィアン・サアットさんによる、『マレー素描集』（書肆侃侃房）です。華人系が人口の7割以上をしめるシンガポールにおいて、少数派のマレー系の人々の日常が綴られているこちらの作品ですが、ひとつひとつの物語は短いものの、物語が自分のなかで積み重なっていくうちに、マレー系の人たちの暮らしが自然に入ってきます。実に存在感のある短編集です。

インドネシア

インドネシア旅行記（2020年）

2020年、ようやくバリ島に行くことができました。私の周りでもバリ島への渡航&リピート率は高く、その評判は聞いていましたが、ひとり旅が多い私はリゾート旅にはあまり興味がなく、何となく行く機会を逃していました。しかし、世界の民族音楽のコンサートで、インドネシアの伝統音楽であるガムランの演奏を生で聴いて以来、私はバリを訪れていないことを急速に後悔し始めていました。

というのも、バリ行きのきっかけとなったそのコンサートですが、開かれていたのは、東京藝術大学でした。東京大学生協書籍部で働いていた当時の私は、職場から徒歩15分くらいの所に住んでいましたが、その近所にあったのが東京藝術大学でした。また、他の楽器の演奏もある中、特に魅了されたのが、ガムランでした。金属や木製、竹製の打楽器演奏にもかかわらず、どこか繊細で美しいその自然な音色に私は大変感銘を受けたのです。

とはいえ、せっかくインドネシアに行くのならと、あんなにガムランの音色を切望していたはずの私は、気づいたらボロブドゥール遺跡の観光を優先するプランを作っていました。しかもバリ観光を調べているうちに、絶景ブランコやコーヒー農園（ジャコウネコの糞に残る豆からつくる高級コーヒーはインドネシアの名産)、スパのほうが楽しみになってしまいました。

そして思った通り、私はバリ島よりもボロブドゥール遺跡のほうに大変感動しました。というのも、世界最大級の仏教寺院であるその遺跡のすばらしさはもちろんのこと、私はボロブドゥール遺跡があるジョグジャカルタの街の雰囲気が結構好きなのです。ジョグジャカルタは、かつてはジャワ島の中心地として栄えた、華やかな宮廷文化が残る古都ですが、今となってはかつての繁栄の余韻がまったくないほど静かで落ち着いた雰囲気です。そんななか、日本の風景とはまったく異なる目の前に拡がる緑のジャングル。そして、その街の雰囲気とジャングルが見事に調和したなかで、突如として現れるのが8〜9世紀に建てられたとされる古い歴史を持つ壮大なボロブドゥール遺跡です。まさに歴史ロマンの音(幻聴)が聴こえそうでした。

しかも遺跡のエリア内は、ごみひとつ落ちていないほど整備された清潔さ。もちろんこれは、どちらがいいとか悪いとかではないのですが、いたる所にヒンズーの神様がおられ、毎朝そこにお花が供えられ、市内の道々に様々なものが落ちている、活気と日常の信仰があふれたまさに神々の島であるバリ市内とは対照的でした。

インドネシア

また、カンボジアのアンコールワットの彫刻に魅せられた私にとって、ボロブドゥール遺跡の彫刻も今回の大きな見所でした。ですが、こちらの場合は、彫刻のほか、巨大な釣り鐘型ストゥーパや曼陀羅を立体化したようなその構造自体も特徴的です。釈迦の生涯などの仏教説話に基づくレリーフの回廊を抜けながら、ストゥーパや仏像が並ぶ上へ上と上っていくと、上階からはジャングルの絶景を見渡すことができるボロブドゥール遺跡。その迫力と荘厳さは、想像以上でした。

さらにはジョグジャカルタでは、昼食に食べたきのこ料理のお店のかわいさも思い出深いです。日本の焼き鳥のように焼いたきのこが刺された串と、きのこのスープとご飯がセットになったものを、冷たいライムジュースと一緒にいただきましたが、バリとは違ったちょっと甘めの味付けに、外の暑さが癒やされたような気もしました。

また、現在は世界最大のイスラム教徒人口を有するインドネシアですが、ジョグジャカルタには、ヒンズー教のブランバナン寺院という世界遺産もあります。そこも訪れた私は、かつての仏教、ヒンズー教、そして現在のイスラム教という3つの文化を同時に堪能できる感慨深さを、きのこを食べながらじっくり味わっていました。

そして、もちろん、バリ島の思い出もあります。バリ島では、アラフォーであることも気にせず、若者の間で有名な映えスポットであるインドネシア名物の棚田を背景に、ハイジ経験ができる空中ブランコに乗ったり、通常はみんなとシェアするであろう10種類の飲み比べコーヒーをひとりで飲み干したり。さらに、ふだんはインスタをやっていないのに、宣伝になるかなと旅の勢いでわざわざ持参した自著を持って、鳥の巣のようなおもしろい場所で写真を撮ったほか、ケチャックダンスで有名なウルワツ寺院も訪れ、夜はガムランの演奏も堪能しました（ちなみに、自著を持った写真はやはり帰国すると恥ずかしくて、誰にも披露することなくお蔵入りしてます）。

期待していたものの、バリの料理にはあまりハマれませんでしたが、パンダンの葉で色付けされた鮮やかでココナッツがたっぷりのスイーツ、インドネシアの自然薬であるジャムウのハーブティー、お土産に買ったタマリンドジャムの

インドネシア

味はお気に入りです。ですが、このジャムは島の中央部にある街ウブドのお店で1個だけ買ったのですが、空港では同じものが3倍以上の値段で売られていた上、帰国後はふだんはジャムを食べない夫にすぐに食べられてしまいました。もっと買わなかったことを心の底から後悔しました。

それにしても今回の旅での収穫。それは、かつてはあんなに嫌だったひとり旅が、こんなにも楽しいとは！　という発見です。夫は仕事が忙しくふだんの家事・育児はほぼ私が担当していますが、今回は旅行中、夫が子どもをみてくれました。周囲の人や現地のインドネシア人には、「なんで家族で来ないの？」と不審がられもしましたが、こういった夫からのボーナス対応は、日常的に手伝ってくれるより大歓迎でした。

休みの日、たまに夫に子どもを見てもらって出かける時のような、帰宅後の晩ご飯の準備や諸々の家事が待っている慌ただしさがなくすべてが自分の時間というのは思った以上に贅沢でした。そのため、帰国後、あまりにも楽しそうな私をみて、「次、旅行に行ったら帰ってこないの？」と言っていた夫ですが、帰る家があってこそ旅は楽しいものです！（フォローになっているかな？）しかし、私の帰国翌日から、コロナが……。

『殺意の架け橋（アジア本格リーグ5）』

（S・マラGd著、柏村彰夫訳、島田荘司選、講談社）

新聞の結婚相手募集欄「心の架け橋」で知り合った相手と、順調に交際を始めた宝石仲介業のティア。しかし、代金を払わない顧客と支払いを請求する宝石の委託主とのトラブルを抱えていたティアは、支払期日の当日、密室のガレージで死体となって発見される。はたして犯人の動機、正体、トリックとは？　コサシ警察大尉とゴザリが活躍するインドネシアの人気警察小説シリーズ。

本書はインドネシア人女性作家によるミステリー小説です。日本で翻訳されているインドネシア小説が少ないなか、本書が見つかったのは非常に幸運でした。さすが島田荘司先生！　現在のアジア文学ブーム以前にすでに刊行されていたとは。

島田荘司先生といえば、多くの著書をもつ日本の本格ミステリー界の重鎮ですが、特に島田先生の御手洗潔シリーズは、何度も徹夜覚悟で読ませてもらいました。島田先生のおかげで本好きになったといっても過言ではない私は、島田先生と同じ広島県出身というこ

インドネシア

とも、実に誇らしく思っています。

そんな、私が大尊敬する島田先生が選者を務めている本シリーズですが、台湾、タイ、韓国、中国、インドネシア、インドの各地域の推理小説が全6巻にまとめられて、２００９年に講談社から翻訳・刊行されました。そのなかでも、私が一番好きなのが、インドネシア人作家による本書です。

なぜなら、ミステリーの内容そのものだけではなく、本書の登場人物たちが活き活きとしており、非常に魅力的だからです。たとえば、絶対結婚しないと言い続けるゴザリと、ゴザリ以外とは結婚しないと主張するコサシの娘デッシーは、歳こそ離れているものの両想いです。彼女のためにも結婚を避けるゴザリと、ゴザリを一途に愛する積極的なデッシーのふたりが交わす会話のほか、本書で描かれる友達同士、家族同士、同僚同士で頻繁に交わされる議論や会話の内容は、邦訳作品が少ないだけに、興味深いです。

本書の内容自体も、ほかの5作品と比べると巧妙なトリックの駆使や社会問題をえぐる動機があるわけではないわかりやすいテーマ設定になっていたことが、おしゃべり好きなインドネシア人の人間性をより引き立ててくれているようでもありますし、インドネシアの文化や社会が、がっつりわかるものではないものの、むしろ親しみを覚えました。

『インドネシア芸能への招待　音楽・舞踊・演劇の世界』（皆川厚一編、東京堂出版）

ガムラン音楽、バリ舞踊、影絵芝居といった音楽・舞踊・演劇など芸術の宝庫であるインドネシア。しかしながら、島や地域によって異なる伝統的慣習や宗教儀礼が結びつき、顕著な多様性がある、ひとくくりにはできないインドネシアの文化や芸術。そのなかでも、文化の大伝統を形成すると考えられるヒンズー＝ジャワ文化を基本的な背景とする中部ジャワ、西部ジャワ（スンダ）、バリ島の3つの地域の集約を試みたのが本書。

インドネシアの文化として、まず私が思い浮かべるのはガムランです。しかし後日知ったバティックというろうけつ染の布や、イカットと呼ばれる縦横両方の糸を括って染める絣模様の織物など、世界的にも高度な技術を要するインドネシアの織物の文化にも、私は大いに興味をもっていました。それに加えて、神秘的なバリ舞踊や影絵芝居など、これま

インドネシア

では、バラバラに知っていたインドネシアの文化でしたが、それらをひとつにつなげてくれたのが本書でした。というのも、演劇や舞踊はガムラン音楽に合わせますし、その演者がまとっているのはインドネシア伝統の布です。そして、それらの音楽や舞は、かつては儀式として神様に奉納されていました。

また、現在は世界一ムスリムが多いインドネシアですが、それ以前は仏教やヒンズー教の影響も大きく、加えて16世紀にはキリスト教が伝来しました。しかしながら、この世界四大宗教がやってくる以前からあったのが、祖先信仰や精霊信仰です。そのため、その祖先信仰や精霊信仰の伝統を保ちながら、それぞれの宗教と混交したのがインドネシア文化の魅力になっているのです。

ゆえに、文化というのはけっして一国独自のものではなく、ミックスすることでさらに高まるものであること、宗教や伝統、芸術の境目とは何なのかということも、考えさせられたのがインドネシア文化であり、実に奥深いことがわかりました。

ジョグジャカルタでは、きのこを食べながら、仏教、イスラム教、ヒンズー教に想いを馳せていた私ですが、本当は、それ以前からあるインドネシアの土着の文化をも感じるべきだったのです。

インド旅行記（2008年）

インドに旅立った理由、それは、ゴダイゴが歌うあの名曲『ガンダーラ』でした。大学時代の友達（中国哲学ではなく、英文学専攻の友達）と休みの日にカフェでお茶をした時、たまたまその友達が聴いていたのが『ガンダーラ』でした。以前からよく知っている曲ではありますが、友達には「なぜ、最新の曲じゃないの？」ってツッコミながらも、笑い合って改めてふたりで聴いてみると、懐かしい感じがするメロディに、やっぱり本場インドへ行かないと！　という気にさせられました。

インドといえば、「呼ばれている人と呼ばれない人がいる」とか、「ガンジス河で沐浴すると人生が変わる」とか言われますが、何かと人を引きつける魅力があります。どうやら、私の大学時代の中国哲学研究室の友達はインドに呼ばれたのか、学生時代に何回かインドに行っていました。しかし、そのうちの一回は、日本でＯ１５７が流行っていたころにＯ６という病気を持ち帰り、緊急入院していました。

そんなことも思い出しながら、突如思い立った私のインド旅行ですが、「今回ばかりはどうしてもついていく」と姉が言い出したので、思いがけず同行者もすんなり見つかりました。ところが私達がインドで訪れたのは、ピンク色の城壁の街ジャイプールにある風の宮殿、赤い壁が美しいアグラ城塞や、有名なタージ・マハルであり、旅のきっかけとなったガンダーラ（現在のパキスタンのベシャワール周辺）や、私の大好きな説話集である『今昔物語集』の舞台のひとつでもあるブッダ関連の遺跡にはまったく行かなかったほか、歌って踊るインド映画を本場で観ることができなかったことも、今振り返ってみると、少し残念です。

また、なぜアメリカとかヨーロッパとかメジャーな所に行かないの？　と聞かれることがよくあるのですが、基本的に私の旅のコースはちょっとずつちょっとずつ西へ行くというシルクロードをイメージしたものです。そのため今回のインド行きは、前回訪れたカンボジアからちょっと西側に進むのにちょうどいい場所でもあるゆえ、アンコールワットに感銘を受けた私は、その建築様式に影響を与えたヒンズー教の本拠地であるインドのヒンズー教寺院をとても楽しみにしていました。

しかし結局私達姉妹がインドで一番感動したのは、イスラム様式のタージ・マハルでした。ガンダーラやブッダ関連の遺跡よりも優先したタージ・マハルは、映画や写真で今まで何回も観ていたにもかかわらず、その美しさに圧倒されました。

まさか、アンコールワットのように彫刻で覆われているわけでもない白一色（彫刻などあり、厳密に白一色ではないですが）のものがこんなに美しいとは！　実に意外でした。インド・イスラム文化は、ムガル帝国（1526―1858）の繁栄とともに最盛期を迎えましたが、タージ・マハルは、そのムガル帝国第5代皇帝のシャー・ジャハーンが、愛していた亡き妻のために建てさせたムガル建築の最高傑作です。それだけに、間近でみると、大理石の質感と光沢、そしてその重圧感がわかり、実に威厳を感じました。

そして、インドでもうひとつ印象に残っているのは、本場のインドカレーやナン、ラッシーなどではなく、たまたま食べたスイーツでした。日本人なら甘すぎて食べられないような、揚げパンみたいなものをさらにシロップ漬けしたお菓子ですが、体力の消耗が激しく、体がエネルギーを自然に欲する暑いインドでは特においしく感じたのです。

もっとも、日本人が甘くて食べられないような外国のお菓子が大好きな超甘党の私ですから、このスイーツをおいしく感じるのは当然です。しかし、どうやらグラブジャムンという世界一甘いともいわれているこのお菓子に、ふだんは甘いものが好きではない姉もおいしさを感じたようなのです。

インド

なので、まさに同じタイミングで無言で顔を見合わせた私達ですが、おいしさの共有ではなく、おいしいことに驚いた、実は双子である私達姉妹の共感は、これまでにはないくらい見事なシンクロぶりでした。

とはいえ、この旅行の一番の思い出といえば、姉がアジア旅行で誰もが受ける「腹痛」の洗礼を旅の最終日に受けたことです。それまでは、食べたことのないスイーツやインドカレーを調子よく食べ、インドの景色を堪能して気をよくしていたのに、一気に地獄の苦しみに襲われました。

これまでの長い付き合いでも見たこともないような、本当に苦しそうな顔を思い出すと、姉には申し訳ないのですが、なぜか今でも笑えます。もちろん、自分もその苦しみがわかるからのことではありますが、トイレに行きたいだけの無駄な苦しみ。常にトイレから離れられないマヌケぶりがおかしいのか……、このおかしさはどこから来るのでしょう?

そして帰国後、私も普通に腹痛に苦しみました。

『インドなんて二度と行くか！ボケ!! …でもまた行きたいかも』

（さくら剛著、アルファポリス）

お笑い芸人を辞め、彼女にも去られ、引きこもりとなった、ニートで外国嫌いのさくら剛さんは、単身インドへと旅立った。しかし、そんなさくらさんに待っていたのは、嘘ばかりつくインド人や下痢との闘い……。散々な日々に疲弊しながらも、自分らしく旅を続けるさくら剛さんの爆笑インド旅行エッセイ。

旅行好きにはおなじみ、さくら剛さんの大人気旅行エッセイシリーズのインド編です。ほかにもアフリカや中国、南米など様々なシリーズがあり、私も毎回楽しく読ませてもらっています。

とはいっても、このシリーズのどの本にもだいたい共通しているのは、下痢で上からも下からもみたいな感じで、ものすごく苦しんでらっしゃるエピソード。ちょいちょい汚い話でページがとられてしまいます。しかし、このおなじみの状況が、笑っちゃ申し訳ない

インド

など思いながらも、苦しみが痛いほどわかる分、毎回大爆笑なのです。

そもそも、さくらさん自身が引きこもりの海外嫌いを自称しているだけあって、全体的に自虐的に語られている雰囲気があるため、下痢で苦しむ話はこの本にピッタリですし、ないと物足りないぐらいです。人間ってなぜか繰り返されるものに弱いですよね？　なので、またかと思いながらも、自分も外国で腹痛に苦しむことはしばしばな分、毎回笑わされます。

とはいえ、さくらさんは、ちゃんと名所観光もしています。ただ、基本的にひとり行動なので旅の楽しさがあまり伝わってきません。また、旅の途上でしばしば衝突するぼったくりするインド人に対して、さくらさんはすごく強い態度にでています。

どうやら、ぼったくりするインド人をさくらさんは、絶対に許せないらしく、たいした金額でもないのに、執念を燃やして逆襲するのです。よって、普段は自虐エピソードを語り一見草食男子っぽいさくらさんのその姿は、私がもつイメージとはギャップがあって、毎回驚かされます。

そのため、さくらさんの旅エッセイでは、通常の旅行エッセイのような「へー、そうなんだ。自分も行ってみたいな」と好奇心をそそられたり、憧れを抱いたりするということがなく、「じゃあもう、海外旅行に行かなくてもいいかも」と思わされるような、旅行本としては結構ありえない内容にもなっています。しかしながら、本の内容は抜群におもしろい！　実にすごい旅行記です。

引きこもりと称しながら、エッセイで吐露する感情の激しさとインド人に対する態度の強烈さなど、ギャップが激しいさくらさん。現在も、ひょっこり旅エッセイが出版されたりするので、今後も癖になるさくらさんの旅の模様を追っていくつもりです。

『グローバリズム出づる処の殺人者より』

（アラヴィンド・アディガ著、鈴木恵訳、文藝春秋）

インドのバンガロールで成功した企業家が、中国首相に送った手紙の内容。それは自身の殺人の告白だった。なぜ殺人を犯したのか。どのようにして企業家は成功したのか。フィクションでありながら、格差社会インドのリアルが伝わる、一インド人男性が、中国の首相に告白したその人生の物語とは？

インド

インドといえば、旅人を虜にする神秘的なイメージがあるいっぽう、２０２３年には人口が中国を抜いて世界一になると予想され、経済成長が著しい国です。それだけに経済的格差も大きい上、現在は法律で禁じられているものの、カースト制度の影響が残る差別や、多宗教、多言語ゆえの宗教や民族の対立、奴隷児童労働者の問題など、ネガティブな面もメディアで報道されることがあります。

そこで、当初の私はインドの明るい小説を紹介しようと思い、２０１８年に日本でも公開された女性の生理用ナプキン普及に貢献した男性を題材にした『パッドマン　５億人の女性を救った男』という私が好きなインド映画の原作本なども探したりしていました。

しかし、すぐにストーリーにひきこまれる小説としてはかなりのレベルの高さである本書を読むと、私の心は即座に変わりました。一気に読まされた本書だからこそ、インドの深刻な社会的経済的格差の実情や、インドの問題をカーストや民族、宗教の対立が原因だと単純化していた自分の浅はかさにも気づくことができたのです。

そんな、インド社会の過酷さですが、それは物語の最初からきっちり描かれています。地元の有力者に逆らえば、家族への報復しか待っていないという、何をするにも家族を人質にとられて、言うことを聞かされるという実情は衝撃的です。

しかし、その過酷な環境から抜け出し、都会で富裕層の運転手としての職につくことができたのがこの物語の主人公です。とはいえ、主人公はすぐに運転手の仕事の闇に直面しました。というのも、運転手というのは、実際は兼使用人であり、買い物や食事の用意といった雑用のほか、雇い主の主人の足をマッサージさせられたり、富裕層の犯罪の身代わりとして刑務所に入ることも避けられない身でもある、実に屈辱的な仕事だったのです。

そのため、(以下ネタバレあり) この仕事に未来を感じない主人公はついに主人殺し&お金の強奪を決行しました。主人公の雇い主である主人は、悪人ではありませんでしたが、運良く? 主人殺しに成功した主人公は、奪ったお金で警察との仲を深め、企業家としても成功し、逮捕される心配もなくなったのです。

そこで、主人公は、自分のような殺人を犯した犯罪者が、野放しになっているそのインド社会の闇をIT産業の中心地バンガロールから、中国の首相に告白するわけですが、バンガロールという最先端なことをやっているITの地でありながら、政治や社会は進んでいないインドの現実を、そもそもなぜ、主人公は中国の首相に告白しているのでしょうか。そこを考えるのも、本書の醍醐味になっています。

正直、読後は清々しい気分ではありませんが、読んで絶対後悔しない本です。

インド

『今昔物語集　天竺・震旦部』
『今昔物語集　本朝部上』
『今昔物語集　本朝部中』
『今昔物語集　本朝部下』

（池上洵一編、岩波書店）

かつての日本にとって、世界は、震旦（中国）と天竺（インド）と日本だけだった。そんな平安時代末期に成立した釈迦の生涯に関する仏教説話が多くを占める天竺・震旦部。そして、当時の日本人の暮らしぶりや、仏教観がわかる本朝部から成る『今昔物語集』。かつての日本人が知っていたインド、そして、当時の日本はどうだったのか。おもしろい物語が集まった仏教説話集。

インドといえば、古代のインダス文明発祥の地であり、仏教の開祖、釈迦のゆかりの地でもあります。古くは、ガンダーラ美術が栄えたクシャーナ朝が繁栄し、後の時代には、観光地として世界的に有名なタージ・マハルが建設されたムガル帝国が栄華を誇りました。ゆえに、世間にはインドの歴史や文化、ヒンズー教に関するもののほか、『カーマ・スートラ』や『マハーバーラタ』といったインド文学の本など、数多くのインドに関する本が存在していることと思います。

しかし、そんななか大変恐縮ですが、インド関連で私が大好きな本、それは日本語の『今昔物語集』です。というのも、私は世界文学のほかは、現代の日本文学ではなく、どちらかというと、『源氏物語』や『竹取物語』など日本の古典文学が好きなのですが、なかでもハマったのが「今はむかし」で始まる『今昔物語集』でした。当初は因果応報を諭すための真面目な仏教説話集だと思っていたのですが、全編読んでみると実はすごくゆるい話が満載であることがわかりました。

なので、本来ならここでは、釈迦の出生の様子なども描かれる天竺部全体について詳しく触れるべきかもしれません。が、やはり私は天竺部を読む前にまずはぜひ本朝部を先に読んでもらいたいゆえ、勝手ながら、今からは私の本朝部ベスト3を紹介させていただきます。

まず第3位は、ふたりの妻を持つ男の話です。妻のうちのひとりは、蚕が死に夫に捨てられ貧しくなるも、飼っていた犬が突然鼻から糸を出したため、女は金持ちになり夫も戻

インド

ってきたというお話（本朝部下巻　巻第二十六　本朝付宿報　参河の国に、犬頭の糸を始めたる語　第十一）。

第2位は、吉祥天女像に欲情して不浄なものを吉祥天女像にかけてしまうも、特にお咎めはなかったという男の話（本朝部上巻　巻第十七　本朝付仏法　吉祥天女の摂像を犯し奉れる人の語　第四十五）。

そして、第1位は、突如ムラっとした男がそこにあった蕪に穴を開けてことをなすと、たまたまその蕪を拾って食べた少女が妊娠。後日再会したふたりは結婚したというお話（本朝部下巻　巻第二十六　本朝付宿報　東の方に行く者、蕪を娶ぎて子を生みたる語第二）。

このように、『今昔物語集』は、読む前に想像したような、何か悪いことをしたから、天罰がくだるというような激しい因果応報のものではなく、人間の性欲を否定するでもなく、とても人間味あふれたハートフルな話が満載でした。

まず、かつての日本の様子がわかる本朝部を読んだ後、当時の世界の果ての天竺部を読んでみるのは、いかがでしょうか。また違ったインドが見えてくるはずです。

アラブ首長国連邦・ドバイ旅行記（2009年）

中東屈指の世界都市、アラブ首長国連邦のドバイには、そこに住む大学時代の友人を訪ねました。とはいえ、その友人とは、大学時代はそこまで仲がよかったわけではなく、大学の同窓会でたまたま隣の席になった時に、彼女がドバイ在住であることを知ったに過ぎません。以前から中東に憧れ、テレビ番組『世界まる見え！テレビ特捜部』でしばしば特集されていたドバイに興味をもっていた私が、一方的に交流を始めて、頼み込んでドバイに押しかけたのが、旅の正しい経緯になっています。

ドバイ在住というと、大富豪と結婚しているようなイメージがあるかもしれませんが、身長170センチ以上、ある女優さん似の超美人の彼女は、当時、エミレーツ航空でCAとして働いていました。普段から様々な国の人たちと働いている非常にフレンドリーな彼女だけに、私の希望にも、「いつでも遊びに来てー」「寮に泊まっていいよー」「冷蔵庫の中のものも、ご自由にねー」という感じで、実に気さくに快諾してくれました。ついつい、私は彼女のお言葉に甘えてしまったのです。

UAE・ドバイほか

そんな彼女のおかげもあり、ドバイでは、有名な人工島パーム・ジュメイラ、その人工島の先端にある世界最大級のアトランティス・ザ・パーム内にあるウォーターパーク、ドバイを象徴するビルであり、世界で唯一の七つ星ホテル「ブルジュ・アル・アラブ」、建設中だった世界一高いビル、「ブルジュ・ハリファ」、UAEで一番古いモスク「バディヤ・モスク」のほか、「デザートサファリ」や小さな店が軒を連ねるアラブの伝統的な市場である「スーク」での買い物やアブダビ観光など、ドバイでの観光を十分満喫しました。

ただ、友達はほぼ毎日乗務があったため、観光は私ひとりで行きましたし、一番楽しみにしていた「デザートサファリ」はちょっと期待外れでした。というのも、ドバイの中心地をちょっと離れると見渡す限り広大な砂漠が続くドバイゆえ、その砂漠を4WDの車でドライブする体験をできるのが、ドバイ名物の「デザートサファリ」なのですが、絶叫マシンのようだと宣伝されていることが多いにもかかわらず、本来は車体が砂に埋もれる感覚がスリリングなのでしょうか？　絶叫系が好きな私は特にスピードの速さも感じることができず、ちょっと物足りなかった気がしたからです。

もしかしたら砂漠の中を車で走行するということ自体に価値があるのかもしれません。

しかも、乗車する車がすべてトヨタのランドクルーザーだったことに、私は興ざめしました。もちろん性能のいい日本車が選ばれていることはうれしいのですが、ほんの数台ではなく、あまりにも大量のトヨタ車がラクダの群れとともにずらーっと砂漠に並んでいたその光景は、せっかくのエキゾチックな異国感が薄まるようでちょっと気分が落ちました。

また、現在ではアブダビにフェラーリのテーマパークがオープンするなど、より観光地化が進んでいるアラブ首長国連邦ゆえ、今は当時よりもっと楽しめる場所だとは思いますが、私が滞在した当時、たとえばドバイの観光地である屋外プールが楽しめるウォーターパークや水族館は、入場料がとにかく高く、エンタメ大国日本から来た私からするとその価格の高さと娯楽度が、まだまだ合っていないようにも感じたのです。

街自体も、エキゾチックな雰囲気にひたれた場所は、もちろん多々ありましたが、暑い気候のせいか、はたまたお金持ちの国だからか、徒歩で移動する人も少なく、街全体は活気が少ない印象で、現地の人と知り合うにはかなりハードルが高そうでした。ただ、それがわかったことこそ、私にはある意味大きな収穫でした。

というのも、すっかり忘れていましたが、私は大学時代から「アラブの石油王と結婚する」とよく言っていたようで、現在でもかつてのその私の発言を覚えている人が結構いるのです。そのため、独身時代が長かった私は、「重松さんは、アラブの石油王と結婚するんだもんね」と言われ続けていましたが、実際のドバイでの滞在経験をふまえて、「ドバイまで行ったけど、ドバイで富豪と知り合うのは難しくて、全然ダメだった」とその後は返答できるようになったのです。もっとも、私のＣＡの友人は、石油王クラスもいけそうなくらいのモテぶりだったようで、旅行中は寮に滞在していたこともあり、友達のルームメイトや同僚がＣＡの恋愛事情を教えてくれました。

そのほかにも、トルコやエジプトなどには日帰りで行きながら時には日本やヨーロッパなどの遠くにもフライトするという、彼女たちが毎日、文字通り、世界を飛び回っている話。将来のために、ランプやテーブルクロスなどの雑貨を世界で買い集めているという、夢のあるライフスタイルの話なども彼女たちからは聞かせてもらいました。

さらに私は、そんな彼女たちがよく行く日本料理レストランや、現地の日本人男子との食事会にも連れて行ってもらったり、彼女たちが現地で一番おいしいというデリバリーのインド料理を一緒に食べたり、普段は自炊もするという彼女たちが通う近所のスーパーで一緒に買い物し、外国サイズの大きい駄菓子やアイスを堪能したりと、ＣＡの日常生活を体験することもできました。それらは、本当にいい思い出です。

そして、なかでも一番私が刺激を受けたのは、やはり彼女たちの仕事の話でした。はたから見れば華やかなＣＡの世界ですが、世界中から人材が集まるエミレーツ航空でのお仕事は、価値観の違いで対立することもしばしばな上、毎日外国にフライトするには、時差への対応力や体調管理が非常に求められる体力勝負の面もあるようです。そのため、仕事や環境が合わなくて1か月以内に帰国する人、エコノミークラスの対応で終わる人も多いそうです。

そんななか、私の滞在中も勉強していたＣＡの友人。その後はパーサーにもなりましたが、勉強し続ける努力と向上心だけではなく、様々な国の人たちをまとめあげるそのリーダーシップ力、ファーストクラスを担当する一流のサービスと英語術を身につけたそのスキル。さすが広大生！（地元では広島大学の学生を省略して広大生と呼んでいます）と誇りに思ういっぽう、彼女が自分と同じ大学で学んでいたのが、なんだか信じられません。

ちなみに、彼女の職業に興味をもった私は、２０１８

UAE・ドバイほか

年にヴィクトリア・ヴァントック『ジェット・セックス　スチュワーデスの歴史とアメリカ的「女性らしさ」の形成』（明石書店）というＣＡの歴史を解説した本を読んだので、「この本よかったよ、いい職業に就いてうらやましい」と久々にメールしたところ、中身はまじめな本ながらもそのタイトルゆえ誤解されたのか、いつもは即レスの彼女から、今にいたるまで返信はありません。

『ガザに地下鉄が走る日』

（岡真理著、みすず書房）

ガザが封鎖されて10年以上。その現状は、外出や物資の制限はもちろん、高い壁が築かれ、数年おきに虐殺が行われているという。そんな、日本ではあまり報道されていないパレスチナの実態とはどのようなものなのか。アラブ文学を専門とする著者が教えてくれる一冊。

アラブとその周辺は、トルコのオルハン・パムクや、エジプトのナギーブ・マフフーズといった私の好きな作家の活動エリアゆえ、アラブ文学研究者の岡真理さんの本は、『アラブ、祈りとしての文学』（みすず書房）、『棗椰子の木陰で』（青土社）などで、私は以前からお世話になっていました。そこで、本書も刊行後すぐに読みましたが、その内容は衝撃的でけっしてわくわくしながら読む本ではありませんでした。

なにより、私が一番ショックだったのは、ガザの現状が受け止めがたいものであるのはもちろんですが、そのことをまったく知らなかった自分の無知さでした。パレスチナの問題自体は知っていますが、解決が難しい問題だから自分が考えてもしょうがないとの気持ち、それこそが、結局は無関心という罪であり、その知ろうとしない姿勢こそが、むしろ、苦しい思いをしている人たちへの加害者と共犯でありさえするということ。そのことを本書によって、はっきりと思い知らされたのです。

かといって、本書を読み進めても何をしたらいいいか、まったくわからず、私は思考停止状態に陥りました。小説ならもっと感情を刺激され、泣きながら読むことで、少しは感情が発散させられる部分があるのかもしれません。しかしながら、厳しい現実が淡々と、岡さんの簡潔な文章で綴られる本書は、泣くに泣けないというか。フィクションではなく現実だということもあって、読むのが本当につらかったです。

もっとも、本書には、岡さんがエジプト・カイロ留学時代に訪れた中東の国々の様子や、その後の再訪の様子など、岡さん自身が見聞きしたこと、感じたことのほか、ドイツによるユダヤ人虐殺という経験をもつ人々の国イスラエルが、なぜ今度は自分たちと同じことをパレスチナ人にするのか、といった核心的な問題や、ＰＬＯ（パレスチナ解放機構）の故アラファト議長による和平とは何だったのか。その後の「イスラエル」がエルサレムを侵食していったその様子や、現在、定期的にミサイルが撃ち込まれるガザ地区のこと。さらには、アメリカのトランプ元大統領がテルアビブからエルサレムへと大使館移転を発表した背景などもわかりやすく解説してくれています。ニュースの報道などでは聞いたことがあるけど、自分で完全に説明するのは自信がないようなことを本書では歴史的な流れに沿って教えてくれており、正しい理解につながる内容になっています。

また、本書のタイトルは、実はガザには地下鉄がないからこそつけられたもので、そこには著者である岡さんの想いが込められているのです。それゆえ本書が刊行された時は、書店員として発売時にはわかりやすい場所に陳列したり、返品期限がきてももうちょっとねばって店に残しておいたりと、売れるためにささやかながら努力していました。書評に取り上げられたこともあったので、数人の出版社の方々とは「この本よかったですよね」と語り合ったりと、読者には好評であったことも感じていました。が、残念ながら、次々に売れていくということはありませんでした。

書店員なら誰もが感じているとは思いますが、こういうことがあると、「本って、本屋って何なんだろう……?」と、しばしば考えさせられます。なぜなら書店にいると、やはり売れる本が重視されがちな面があり、売れない本は内容がいくらよくても、心を鬼にして返品しなければならないことが多々あるからです。もちろん、それが読者が求めていることなのだからしょうがない面はありますし、書店の棚は自分の趣味の棚ではありません。また、世間ではカリスマ書店員の推しが大ベストセラーになったりすることもあるので、結局は、私の力不足の面もあります。しかし、売り上げ数や話題書に振り回されることに、私は常に葛藤していました。

本書のような自分の意見を押しつけるでも感情に訴えるでもなく、知らないことをわかりやすく教えてくれる、それでいて自分自身と現実を見つめ直させてくれる本が売れないなら、「本屋なんてどうでもいい」とまでこの本には思わされました。

『テヘランでロリータを読む』

（アーザル・ナフィーシー著、市川恵里訳、白水社）

革命後のイラン。弾圧が強まるなか、大学の職を辞することにした著者は、自宅で女性たちと読書会を開催する。『華麗なるギャツビー』、ナボコフの『ロリータ』などといったイランでは禁じられた欧米の文学を読みながら、自らも人生の決断をする著者。彼女たちの成長が文学の力をも伝える世界的に話題となった感動のノンフィクション。

実は、この本が刊行された2006年、本書は書評など様々なメディアでも取り上げられ、当時かなり話題になっていました。そのため、私もこの本を手にはとってみたものの、イスラム教の国であるイランで、未成年との恋愛小説の『ロリータ』を読むなんて、そりゃ大変なんだろうななどと、タイトルから安易な想像をしてしまい、思っていたよりも難しく感じた本書を読み進めることができませんでした。

2004年には、カレン・ジョイ・ファウラーの『ジェイン・オースティンの読書会』

（白水社、のち、ちくま文庫にも）が刊行され、それを原作とする映画も、２００８年に公開され話題でした。そのため、その映画を観た私には無意識に読書会のイメージができあがってしまったのですが、それもよくなかったようです。

しかし、今回、再挑戦したところ、読了後は、「なんでもっと、ちゃんと読まなかったんだろう」と、今さらながら強く後悔したのと同時に、刊行されて、13年ぶりに読むことができたことに、感謝でいっぱいの気持ちになりました（誰への感謝？）。そして、そもそも、本書の内容は、自分の想像とはまったく違っていたのです！

とはいえ本書ではイラン革命後の体制側による監視の様子、行動や発言への制限が強まり、それらが著者が働く大学でいかに激しかったか、また日常生活が、どれだけ大変だったか、当時の過酷さも描かれています。そのため、たしかにその点では、イランやイスラム教に対して時代錯誤感を抱いたり、同情のような気持ちにとらわれてしまう人もいると思います。実際に、その点に注目した書評も目にしました。

しかし、本書で開かれていた読書会は、秘密開催だからといって、生きにくいイランでの生活における単なる感情のはけ口になっているものでもなく、自由に恋愛する様子が描かれた西洋文学を通して欧米の価値観を学ぶといった目的をもっているものでもなく、体制側に禁止されているゆえに、読むという行為で監視側の裏をかいて満足するといった感じのものでもありませんでした。私がタイトルから想像したこれらのようなことは、まったく描かれておらず、そのことに、むしろ驚いたくらいです。

本書では、参加した女子学生たち、そして、主催者である著者である先生自身も、読書会を通して自分たちの人生を自身の決断で前に進めていくのですが、それら彼女たちが成長していく姿からは「読書会ってそうなの？　この本のどんなところがよくて、自分はこう思ったっていうのをお互いに語り合うってだけじゃないの？　こんなに人を強くさせるの⁉」と感じさせられました。つまり、文学の力ってこういう風に発揮されるんだと初めて目の当たりにしたような気にもなり、まさに、文学の力が証明されていたのです。

というのも、タイの際も、「文学とは何か？」みたいなことに触れましたが（64ページ）、一見すると、文学は単なる作り話の娯楽という面もあるため、人によっては、特になくてもいいように思われているのかもしれません。実際、実は私も本書の読書会で読まれていたギャツビーもロリータもジェイン・オースティンの作品の数々も正直そこまでハマっておらず、いちおう読んどくかという感じでしかありません。なので、本書の読書会でなされていたそれらの解説はあまりピンときていないのです。

しかし、彼女たちは、文学を自分たちの力にしました。まさに文学の実践であり、本を読んで教科書的に理解するだけでなく、彼女たちは人間力も身につけました。いっぽう、本好きを自称する私は、彼女たちほど成長できているか、まったく自信がありません。

ただ、つい先ほどは書店において売れる本、売れない本の価値、いい本だけど売れないそのジレンマについても触れました（140ページ）が、やはり本というのは売れた数や他の人にとっては私の尺度は重要ではなく、読者自身がどう読むかが大事だと改めてわかりました。

ちなみに本書は著者自身が欧米で教育を受けたその体験、イランでの暮らしの様子や読書会の様子が、入り交じって語られる構成のおかげもあり、物語のようにも読むことができるのも特徴です。

そして現在、著者が暮らすアメリカでは、本書は、150万部の大ベストセラーだそうです。日本では2021年秋、文庫化（河出書房新社）されましたし、本書がより手にとりやすくなったことは、うれしい限りです。

『千夜一夜物語（バートン版）』

（バートン著、大場正史訳、筑摩書房）

妻の黒人との不倫を知り、女性を信じられなくなった王様は、二度と裏切られないようにするため、毎晩処女と結婚しては、結婚後はすぐに殺すという蛮行を繰り返していた。その悪夢の所業を止めるため、自らが王の寝所に乗り込んだシェヘラザード。そして彼女が始めたこと、それは、毎晩王様に、不思議な物語を語ることだった。シェヘラザードが命をかけて語り尽くした、千夜の不思議な物語とは？

インドでは『今昔物語集』を紹介しましたが（１２９ページ）、私は世界の説話や民話が結構好きです。とはいえ、私は、幼少期に世界の物語を読み尽くしたような筋金入りの『千夜一夜物語』ファンではありません。私がちくま文庫の全11巻のバートン版、『千夜一夜物語』を読破したのは、社会人になってちょっと落ち着いた30を過ぎてからでした。

というのも、『千夜一夜物語』のなかのひとつでもある「アラジン」は、２０１９年にディズニーで実写映画化され、世界中の子どもも大人も虜にしましたが、『千夜一夜物語』というと、魔法のランプや魔神、妖精といった不思議なものが登場したり、珍しい体験をしたりといったファンタジー要素の強いもの、または、「開けゴマ」が有名なアリババと40人の盗賊、シンドバッドの冒険といったアドベンチャーもの、そして、貧乏が金持ちになったり、美女と知り合って死ぬほど恋い焦がれるといった物語性が強い不思議なストーリーが中心であるゆえ、どこか子ども向けのイメージを持っていたのです。

しかし大人になって読み返してみると、まず、語り手のシェヘラザードには、自分が生きのびるため、そして世界を救うためという確固たる使命があることがわかりました。つまり、私が『千夜一夜物語』のメインだと思っていたストーリーの数々は、シェヘラザードが王様の蛮行をやめさせるために語っている、むしろ、部分部分に過ぎない面もあったのです。そして、『千夜一夜物語』には、シェヘラザード自身の物語の中に摩訶不思議な物語がたくさんつまっているという、しっかりとした構成があるのであり、そこに私は強く感銘を受けました。

よって、数ある『千夜一夜物語』のお話の中でも、実は私はシェヘラザード自身の物語が一番好きです。物語を語ることで、最終的に王様の心を動かして世界を救ったシェヘラザード。力では男性にかなわない女性が、知恵という、自身の教養で生き抜いた姿から、私は勇気をもらいました。語りの力で生き抜いた聡明なシェヘラザードは、私の憧れの女性であり、すべての文学の中なかでも一番好きな女性といっても過言ではありません。

だからこそ、成立は約11世紀ごろと古く、世界各地で残っている民話と共通しているものも多い、文学的にも価値の高い『千夜一夜物語』は、1巻だけでも読んでみるのをお勧めします。単なる物語の寄せ集め集ではありません。

そして最後に、ここでは小説がありませんでしたので、アラブ圏の小説を1冊紹介させてください。それがイラクの小説家、アフマド・サアダーウィーによる『バグダードのフランケンシュタイン』（集英社）です。

舞台は連続自爆テロの続く、2005年のバグダード。古物商が町で拾ってきた遺体のパーツを縫い合わせひとり分の遺体をつくり出すと、その遺体は忽然と消え、街では奇怪な殺人事件が起こり始めるという物語ですが、はたして、古物商によってつくり出された遺体はなぜ動き出し、その目的は何だったのでしょうか？　SFながらもリアリティーがあり、イラクの雰囲気が活かされた本作もぜひ、読んでみてください。

エジプト旅行記（2004年）

ありきたりですが、エジプトのピラミッドは私がどうしても行きたかった昔からの憧れの場所です。そこで、大学4年生の冬、卒論の忙しさのまっただ中、指導教官に白い目で見られながらも、私はひとり卒業旅行として、エジプトに旅立ちました。

そして、実際に自分の目で近くで見たピラミッドはやはりすばらしく、写真やテレビで見るのとは、感覚が違いました。何より、私が一番感じとったのはその神秘性でした。アジアでもヨーロッパでもないエキゾチックな雰囲気があふれたエジプトの大地の上、山や、海や、植物（少しある所もありましたが）や、ビルといった自分が見慣れたものが一切ない、ただただ砂漠が広がる空間に、きれいに三角形に見える石でできた四角錐のピラミッドが建っているという風景には、感動しかありませんでした。

また、ピラミッドは人工物ですが、砂漠と一体化したあまりにきれいなその黄土色のアースカラー、そして、その全体的に統一されたたたずまいには、私は自然のような天然の心地よさも感じました。さらには、ピラミッドの建造には、多くの人の力で建てられた歴

エジプト

史や物語の壮大さがあるからこそ、それらが神秘性につながっているようで、むしろ宇宙からエネルギーを注ぎ込まれているようにも思えたのです。

そこでピラミッドに対しては、私が通常山や海に行ったら感じる大地に立っている自分対自然という感じではなく、砂漠の中に立つ自分対宇宙というような、すなわち、頭上には青い空が限りなく拡がり、周囲には人気もなかったため、自分自身が無限に拡がる宇宙空間の中にいるような、まさに地球を超越した感覚も味わっていました。

ゆえに、さんざん見学したその後でも、ピラミッドには飽きることがありませんでした。ホテルの部屋の窓から見えるピラミッドには、それを独り占めしたような気持ちになり、移動中のバスの窓から見ると、その間近にせまる大きさに迫力を感じました。また、朝、昼、そして、夕陽に照らされる夕方や、夜、星空の下で見ても、それぞれの時間によって、光の加減で違ったように見えるピラミッドなど。どれもが本当にかっこよかったです。

そのほかエジプトでは、定番のスフィンクス、ツタンカーメンの黄金のマスクを見たのはもちろんのこと、古代エジプトの都テーベがあった現在のルクソールでは、新王国時代のエジプトの王、ファラオの墓がある王家の谷でツタンカーメンの墓を見学しました。その後、ハトシャプト女王の葬祭殿や、迫力ある巨大なオベリスクや列柱が見事なカルナック神殿や、その副殿であるルクソール神殿を見てまわりました。

また、エジプト南部、スーダンとの国境の近くにあるヌビア地方では、新王国時代のラムセス2世に建造されたアブ・シンベル神殿、その後、移動してアスワンハイダムを見学してからは、寝台列車でエジプト北部、ヨーロッパの雰囲気もあるアレクサンドリアまで移動。最終日は、カイロの大エジプト博物館やモハメッド・アリモスクを訪れました。加えて、旅行の合間にはナイル川クルーズや木製の帆掛け船ファルーカの乗船、ハト肉の食事など、エジプトを存分に満喫しただけではなく、寝台列車の中では、いちおう夜、持参した卒論のための論文を読んだりもしていました。

そんな、どこも想像以上にすばらしいだけでなく、時おり遺跡の壁にあった象形文字も解読したくなったエジプトですが、さらに私がうれしかった（?）のは、モテ期を味わったことです。当時は、体重が60kg以上あり、まったく自分に自信がない時だったにもかか

エジプト

わらず、至る所で「彼氏いるの？」と聞かれたり、プレゼントをもらったりしました。今までモテの意味がわかってなかった私でもはっきり認識でき、やはり悪い気はしなかったです。

ただ、どうやらエジプトではドラマ『おしん』の影響で、日本人が基本的に好きとのことです。エジプトでは、日本人観光客も多いですし、日本人女性がガイドとしてたくさん働いており、現地ガイドと結婚する日本人も多いとのことでした。

よって私も、「ピラミッドを毎日見られるなんて素敵だな、住んでみたいなー。日本で就職が決まらなかったら（大学4年生の冬にもかかわらず、就職先が未定でした）、私も飛び込むぞ！」と思っていました。結局、勇気がなくて実現しませんでしたが、あの時行っていたら、今はどうなっていたんだろう、と時々考えます。

ちなみに、中国哲学研究室のメンバーには、エジプト名産、パピルスの本のしおりをお土産に買って帰ったところ、意外に喜ばれました。そして、3月、卒論を提出した私は、同じく無事に修論を終えた大学院を卒業する研究室の先輩たちとみんなで、四国に卒業旅行に行きました。

『張り出し窓の街（カイロ三部作１）』

（ナギーブ・マフフーズ著、塙治夫訳、国書刊行会）

１９００年代初頭のエジプト・カイロの旧市街に住むアフマド一家の物語。家では威厳を保とうとする家長のアフマド。アフマドへの不満はありながらも夫に尽くす妻、時に父に反発しながらも、父の決めた通りの結婚をする息子や娘たち。イギリス統治下のエジプトにおけるひとつの家族の物語。

本書は、アラブ圏で初めてのノーベル文学賞受賞作家、ナギーブ・マフフーズによるカイロ三部作の第一部です。書店で働いていた仕事柄、毎年のノーベル賞受賞者や過去の受賞者をチェックするのですが、その時に知ったのが、本書のナギーブ・マフフーズです。

そこで、私も書店員の新人時代、本書を読もうとしたことがありましたが、５４１ページという本書の分厚さ、その上、１ページが上下２段に分かれている文字数の多さに圧倒されて、当時は早々と挫折してしまいました。そのため、「今回こそは、最後まで読み通すぞ」と気合いを入れて読み始めてみましたが、そこまで気負わなくてもよかったようです。思いのほかすぐに、１９００年代初頭のカイロに自分がいるような気になりました。舞台は、年代も、宗教も、民族も、国柄も、何もかもが現代の日本とは異なっているエジプトゆえ、前回はどこか構えすぎていたのかもしれません。しかし、再読して私が感じたのは懐かしさでした。一昔前の日本と雰囲気が似ているように感じたのです。

たとえば、本書で描かれているアフマド一家の妻は、家長のアフマドに逆らうことができず、外出さえも勝手にはできません。同じく娘たちにも外出の自由はなく、親に決められた相手と結婚するだけの人生です。息子たちのほうは学校に行っており、多少の自由はあるとはいえ、やはり、結婚相手や時期についてなど基本的には父に従うしかありません。

ゆえに、そんな父と息子たちの避けられない対立が描かれている本書における厳格な父の様子は、もしかしたら、イスラム教だから、昔の話だからなどと、結構すんなりと読んでしまう人もいるかもしれません。しかしながら、現在の私には少々窮屈に映る本書の生活の様子は、私が幼少期に目にしていた、家長の言うことは絶対で女性の自由が制限されている様子が描かれた明治、大正、昭和初期を舞台にした映画やドラマ、そして、祖母が話していた内容とも重なりました。

いっぽう、やはり子ども時代には数々の楽しい思い出もあります。そのため、本書で描かれている、多少不自由ななかでの平凡な日常のありがたさ、ささやかな幸せ、そして、それぞれの登場人物との家族の絆や葛藤は、懐かしくも感じたのです。たとえば、本書で描かれている自分がしっかりしなければ家族みんなが路頭に迷うという責任感から、家では必要以上に厳格に振る舞い、だからこそ外では奔放。それゆえ、家族からは一定の尊敬はされるけど好かれてはおらず、近づきがたい存在である、典型的なかつての日本の父親像ともいえるアフマドの苦悩は、１９８０年生まれの私には理解することができます。

いっぽう、そんな夫を受け入れ父と子の間に立ち、家族みんなに尽くすやさしい母であるアフマドの妻とその母を見ているからこそ父には反発するも、母には味方する子どもたち。その姿からは家族の普遍性をも感じます。ゆっくりと進むストーリーに、さりげなくエジプトらしさや当時の雰囲気、または、それぞれの登場人物の感情や、国や時代も超越した普遍性もが描かれているような本書は、文学のお手本のような作品かもしれません。

ちなみに、いくら懐かしいからといって、私は「昔はよかった」という昭和礼賛の気分にはなれない派であり、昭和の時代のようには絶対戻ってほしくありません。昭和に続く平成が31年間も続き、さらに元号が令和となった今でも、世界のジェンダー・ギャップ指数のランキングは先進国にはあるまじき低さの現在の日本。変わるべきです。

エジプト

『地図が読めないアラブ人、道を聞けない日本人』
（アルモーメン・アブドーラ著、小学館）

平成時代の天皇皇后陛下の通訳も務めたことのあるエジプト人著者が、日本人とアラブ人の特徴を解説。たとえば、地図を読むのは苦手でも人に道を尋ねるのは平気なのがアラブ人であるなら、地図を読むのは得意でも人に道を尋ねるのは気がひけるのが日本人だという著者。両者の文化を知る著者による納得の一冊。

私は、国民性をざっくりひとくくりにまとめたものは、あまり信じないよう警戒し、本書の内容も当然すべての人にあてはまるわけではないと受け取っています。しかし、この本から私が感じたアラブ人と日本人の真逆ぶりと、著者によるあまりにもわかりやすい説明には、むしろ、納得の笑いさえこみあげてきました。むしろ、ここまで真逆だと、コインの表と裏のようなものに過ぎないのではとさえ、私は感じました。

というのも本書により、文化や宗教の違いによる両者の特性を知ると、誤解が生じるのは違っているからではなく、そのことを知らないからだということが理解できるからです。○○人論といった表面的なことや、違うからわかり合えないのではなく、まずはお互いの背景の違いを少しでも前提知識として持ち、理解しようとすることがやはり大切なのです。

たとえば、私自身も遅刻魔のため、日々身にしみて感じていますが、日本は遅刻に厳しい面があります。たとえ1分の遅刻でも、理由が何であれ遅刻それ自体が誠意がないとみなされたり、遅刻の理由を説明しても、それが言い訳にしか思われないこともしばしばです。いっぽうアラブ人は逆で、むしろ謝るだけのほうが表面的で、誠意が伝わらないと考えるそうです。そのため言い訳のつもりはなく、むしろ誠意から遅刻理由を一生懸命に説明するのであり、ちゃんとした理由があるなら、相手も納得できるだろうとの考えから、遅刻した場合はいろいろと理由を説明しているのです。

しかしながら、その言い訳が「外国人は遅刻して言い訳ばかりする」といったトラブルに発展することも多い一方、アラブ人にとっては、理由を聞かない日本人を冷たい人間だと捉えることもあるそうです。こういった例を前提知識として知っておくだけで、両者のトラブルは、かなり避けられるのではないでしょうか。

エジプト

また、本書のなかで私が一番印象的だったのは、女性の服装のことです。本書によると、日本の女性は、外ではすごく綺麗だけど夫の前では体操服みたいなのを着て、香水もしない、そのことがアラブ人男性には理解できないそうです。もちろん日本人の奥さんたちのなかには、夫の前でも絶対にすっぴんを見せないで、朝から化粧しておしゃれをしているいつでも完璧な姿で夫に尽くす奥さんもいると思います。しかし、日本人男性はすっぴん好きが多いイメージもありますし、外では身だしなみを整えるも、家ではすっぴんに眼鏡でジャージっていう日本の奥さん、これが自然ですよね？

なので、本書を読んだ私は「夫の前でジャージのどこがへんなの？」って最初は笑ってしまいましたが、ほかの外国人からも、まったく同じことを聞いたことがあるのも思い出した上、いつも汚い格好でたまに夫に申し訳なく思っていたこともあり、さすがに、ちょっと恥ずかしい気持ちにもなりました。

さらには、私は日本人とはいえ、怠け者で不器用ですが、本書によると、日本で買うものはたとえ100円のものでも液漏れなどありえないほど、日本人は仕事ぶりがていねいとのことです。いっぽう、エジプトでは、貴重な大理石の敷かれた床でも、何となくきちっと継ぎ目があっていなかったりして、アラブでは新しいモダンなマンションをみても

「ちょっと惜しい！」と思わせる面があるとのことです。

つまり、細かいことを気にしないこと、また、おしゃべり好きな性格こそ、アラブ人の持ち味であるいっぽう、スケジュール管理も徹底して勤勉で、すきがないのが日本人。ゆえに、アラブ人のほうも日本人に迷惑がられるのを気にして、どこかいつもの調子を出せず、日本に来ても友達ができないのだそうですが、少しの誤解で友達になれないのは、やはり残念です。むしろ正反対ということは陰と陽、＋と−のように相性はすごくいいはずだと、私は確信しました。

『ピラミッド・タウンを発掘する』

（河江肖剰著、新潮社）

現在では、考古学者だけでなく、動物学、植物学、地質学の他、３Ｄ計測、炭の分析、Ｘ線解析、航空写真や電磁波を利用するリモート・センシングといった現代の最先端技術が駆使され、様々な専門家によってあらゆる角度

エジプト

から進められているピラミッド研究。また、かつてのように、墓や巨大な神殿、黄金の装飾品ばかりに目を向けるのではなく、住居址から出た動物の骨（古代のゴミ）などから、当時の人間の生活の解明も進められている現在。それらピラミッド研究の最新の研究成果を、現地で発掘調査を行った著者が解説する。

エジプトのピラミッドに関する本が多数あるなか、本書の著者を、37年続いている人気テレビ番組『世界ふしぎ発見！』で知った方も多いのではないでしょうか。私もそのひとりですが、著者が所属する名古屋大学にある書籍部で働いていた私は、学内でお見かけしたことはないものの、学内でもファンは多かったため、本書の改題文庫版『ピラミッド』（新潮文庫）の在庫は、書籍部では必ず多めに持っていました。

それにしても、ピラミッドを見て私が勝手に感じていた宇宙のパワーや神秘ですが、本書を読むと、自分の解釈がいかに都合が良すぎるか、とても恥ずかしくなりました。

なぜなら、調査が進んだ現在、まだまだ謎は残るものの、ピラミッドは説明のつかない古代文明ではないようなのです。当時の技術で建設は可能であり、本書で解説されている、ピラミッドの建設に関わっていた人たちが住んでいた「ピラミッド・タウン」の発見は、ピラミッド建設に従事した労働者の存在を実証する大きな助けになったようです。よって、本書ではピラミッド建設のために働く人の動かし方や纏め方、または、モチベーションの高め方やその維持がいかに重要なことであったかということに触れられていますが、非常に興味深いです。

そのほか、本書では、「ピラミッド・タウン」の全貌や、パン焼き工房の発見と当時のパンの再現の話、誰がなぜ、どのようにしてピラミッドを作ったのかについての様々な説の紹介やエジプトの歴史、そして、ピラミッドは墓なのか公共事業なのかといったピラミッドに関することが幅広く解説されています。ゆえに本書を読むと、ピラミッドは、当時生きていた人間の手によって作られたものであることが理解はできました。

しかし、やっぱり私はピラミッド建設の意義とも関わる、本書で紹介されているエジプトの創世神話に惹かれてしまいました。というのも、混沌の海から大地が盛り上がったと考えられていた古代、現在では砂漠の中にあるクフ王のピラミッドの場所も太古は海だったとのことです。実際、クフ王のピラミッドが立つギザ台地の石灰岩では、貝などの化石も見つかっているようです。「ピラミッドパワー」の神秘、妄想してしまいます。

トルコ旅行記（２０１１年・２０１５年）

現在は震災のイメージが強く、心配されることが多くなりましたが、トルコは私に新しい価値観を与えてくれた国です。というのも、オーストラリアでのワーキングホリデーを終えたものの、英語の上達は今いち、しかも、それが自分の性格のせいであることもあって、私はちょっと落ち込んでいました。そんな時に知ったアジアや欧米的なものとはどこか違うトルコ人の人間味。トルコの親日ぶりは有名ですが、まさかここまでやさしくフレンドリーだとは、想像以上だったのです。

たとえば、現地を案内してくれたトルコ人の女性ガイドさんの情熱には、心を打たれました。ガイドとしての日本語能力の高さはもちろんのこと、どれだけ自分は日本が好きか、だからこそどれだけ日本語の勉強をがんばったか、そして今日本人と関わる仕事をできていることがどれだけ嬉しくて、両親がいかに喜んでくれているか。または、日本とトルコがアジアの端と端に位置する国なのにどれだけ言語も文化も似ているかなど、それらを将来の夢とともに熱心に日本語で語ってくれた彼女の名演説。圧巻でした。

それゆえ、彼女の想いは、人によっては日本への愛が重たすぎると感じるかもしれません。しかし私は、彼女からは暑苦しさではなく、むしろ真摯さを感じました。大いに影響を受けた私は、「帰国したらトルコ語を勉強しよう！」と決心したほどです。

そして何より、彼女の話を私が素直に受け取ることができたのは、やはり、旅行中に存分に触れたトルコ人の明るさと、おしゃべり好きのおかげでした。世界的に見ると、日本人はシャイで無口だと言われることがありますが、トルコ人を見ていると、世界には正反対の民族っているんだなと初めて実感しました。

情熱的なガイドさんや、積極的に話しかけてくれるトルコ人の押しの強さや、人なつっこさ。彼らの姿を見た私は、世の中には自分のような受け身の人間も逆に必要なんだろうなと自然に考えるようになったのです。これまでは、シャイで無口な自分の性格に無意識にコンプレックスを感じていたのですが、消極的なままでもいいんだと思うようにもなりました。

同時に「外国語といえば、とりあえず英語だろ」という価値観や、欧米のような先進国の文化のほうが、どこか洗練されていると無意識ながらも感じ、目を向けすぎていた自分にも気づき、英語に悩んでいたことが急にバカバカしくなってきました。そして、トルコ

トルコ

のことを自分だけが気づくカセットの裏面の良さのように思い、自分はこれからは、世界のB面を楽しんでもいいのかなと思うと肩の力も抜けたのです（とはいえ、トルコ好きな女子は日本では結構多数派であることを帰国後すぐに知りました）。

さらにトルコはその国民性だけでなく、東洋と西洋両方を併せもち、エキゾチックだけどヨーロッパ的な面もある雰囲気の良さや、随所にある綺麗な景色、さらには古今から東西のものが集まることで有名なトルコのバザールでの買い物の楽しさなど、魅力が満載です。たとえば世界三大料理のひとつのトルコ料理は非常においしく、世界中のスパイスが集まるトルコだからか、料理も辛すぎたりせず、スパイスの混ざり具合が日本人の口に合っているように思いました。また、トルコといえば、トルココーヒーのほか、チューリップ形のカップでのむ紅茶のチャイが有名ですが、私は、トルコ名産の甘酸っぱいサクランボのジュースも

大好きです。

そんなトルコでの癒やしもあってか、トルコ旅行以後は、海外旅行にはむしろ、積極的に行けるようになりましたし、トルコ語の勉強も始めたので、2015年には約3か月間、首都のアンカラにあるハジェペテ大学でトルコ語も勉強できました。トルコ留学時はちょうど季節が冬でしたが、その毎日雪がちらついている光景はまさに、のちほど紹介するオルハン・パムクの小説『雪』の世界観そのものでした。

思えばトルコへの想いはオルハン・パムクがノーベル文学賞を受賞し、それを読んだ10年前のあの頃からやはり始まっていました。アンカラ滞在中はトルコ語が全然わからなくて泣いた日もありましたが、親切なふたりのトルコ人女子学生と一緒に生活し、大好きなトルコに住むことができたのは、まさに夢のような時間でした。

ここまで、心情的な部分をついつい多く書きましたが、トルコではイスタンブールや首都のアンカラを始め、木馬の物語が有名な古代エーゲ文明の遺跡があるトロイ、古代遺跡が遺るエフェソス、真っ白い石灰棚の丘と温泉が楽しめるパムッカレ、11世紀末以降はセルジューク朝の首都としても栄え、イスラム神秘主義旋舞教団の拠点でもあったコンヤ、天然岩を使った要塞が有名なトルコ内陸にあるアフィヨン、オスマン帝国時代の街並みがかわいい香辛料サフランの由来の街サフランボルなど、多くの場所を訪れました。

しかし、月並みですが、トルコのなかで特に私が気に入ったのは、きのこのような奇岩の景観が有名なカッパドキアです。カッパドキアで朝陽を見ながら乗った熱気球からのその幻想的な光景は、私がこれまでで一番好きだったエジプトのピラミッドが揺らぐぐらいグッときました。そして、大人気マンガ、篠原千絵さんの『天は赤い河のほとり』の舞台であるヒッタイト帝国などの古代の出土品などがたくさん展示された、アンカラにあるアナトリア文明博物館は、すぐに私の好きな世界の博物館ベスト1になりました。

『トルコで私も考えた トルコ嫁入り編』

（高橋由佳利著、集英社）

トルコ人と結婚したマンガ家が、イスタンブールでの生活、日本に帰国してからの息子と夫との3人の生活を描く。トルコ人と結婚している日本人妻、またはそうでない方も必読の大人気コミックエッセイ。

本書は1992年に始まり2018年までの26年間は『YOUNG YOU』などに連載、現在は、『新・トルコで私も考えた2023』が今年発刊される人気コミックエッセイです。トルコ人と結婚しているマンガ家高橋由佳利さんのエピソードは、同じ経験をもつ日本人妻にとってはあるあるネタ満載ないっぽう、本書はトルコ人と結婚していない当事者以外の人たちにも多く読まれている非常に人気のある作品です。

実際、私がトルコ人と結婚していることを知らない友達や同僚がこの本を勧めてくれましたが、本書の世間での浸透ぶりは私も嬉しいです。そんな、シリーズで何冊か出ている本書ですが、全体を通して特に読者に好評なのが、トルコの食べ物についてのようです。

たとえば、本書では日本に住む高橋さんの夫がトルコのデザート、「バクラヴァ」を恋しがるシーンがありますが、これは日本に住むトルコ人のあるあるです。「バクラヴァ」とは、ナッツやピスタチオ、はちみつたっぷりでできた一口パイのようなお菓子ですが、私の周りにもこれを読んでバクラヴァを食べたいという人が続出しました。

もちろん私もバクラヴァは大好物です。トルコで初めて食べた時は、一口目から信じられないおいしさで、気絶しそうなほどでした。こんな食べ物があることを知らなかったことに、私はショックを受けたくらいです。もっとも、日本でのピスタチオブームもあり、

トルコ

バクラヴァは日本でも知られてきましたが、超絶に甘いお菓子です。

　そして、もうひとつ私が大好きなのが、小麦粉の生地を極細の麺状にしたものを焼いて、シロップをかけ、ナッツやピスタチオなどをトッピングしたデザートの「カダイフ」ですが、本書でも紹介されています。

　そのほか、本シリーズにはトルコ料理の作り方はもちろん、高橋さんがおもしろく語るトルコ事情や高橋さんのファミリーのことなど、トルコの情報がぎっしりつまっている上、２０１６年まで、著者夫妻は神戸でトルコ料理レストランを開いており、そのエピソードがマンガでも描かれていました。残念ながら、現在は閉店しているとのことですが、来店できなかったことが、実に悔やまれます。

『雪』

（オルハン・パムク著、和久井路子訳、藤原書店）

舞台はトルコの地方都市・カルス。少女の連続自殺事件を調

べるためカルスを旅することになった詩人は旅するうちに政治や宗教、かつての女友達との恋愛に翻弄される。詩人の思索と雪景色が交錯しながら進む不思議な物語。

思えばこの小説を読んで以来、私は完全にトルコに恋していました。本書のストーリーを読むと、行ったことのないトルコの雪景色が思い浮かぶようで、その美しさは、本書を読んで以来、私の憧れになりました。また、本作品全体に漂っていたどこか懐かしさを感じさせる雰囲気。そこが私にとって、本書の大きな魅力でもありました。

なぜなら、エジプトのところで紹介した『張り出し窓の街』も、ひとむかし前の日本を感じましたが、（152ページ）、本書のほうが、さらにその雰囲気を強く感じたからです。実際、「これって日本のこと？　昭和のこと？　ほんとに書いたのトルコ人？」と何度も著者のプロフィールを確認しながら読んだほどです。

たとえば、主人公の詩人が好意をもっている女性は、恋人より両親を優先するタイプです。そのため、日本語で表現する「古風なタイプの女性」というのがすぐに思い浮かぶのですが、その女性の人物像からは、私にも無意識に植え付けられている、自分の意志よりも家や世間体が絶対みたいな、昔ながらの日本の価値観を感じたのです。

トルコ

とはいえ、こちらも『張り出し窓の街』と同様、けっして悪い意味に感じたわけではありません。その昭和的価値観をトルコの小説から自然に感じることができたことに、トルコという宗教も民族も違う遠い国が、こんなにも日本と似ていることがうれしくもありました。よって、本書に登場する街のようすはトルコの田舎町という見慣れぬ場所ながらも、どこか親近感もわきましたし、小説に入り込めば入り込むほど、よく知らないはずのトルコの美しい情景が、常に目の前に浮かんでくるような気にもなっていました。

しかしながら、本書の主題はもちろんそこではありません。現在はイランの女性のスカーフ着用をめぐって、世界的にもニュース報道がされていますが、本書でも女性のスカーフの着用に関することが物語に取り入れられている上、少女たちの自殺もそれに絡んだものです（とはいえ、ここでは省略しますが、イラクの現状と本書で描かれるスカーフ着用については、また別の観点になっています）。

だからこそ、本書から思い起こされたのは、男尊女卑的な価値観がまだまだ強かった昭和の時代です。なにもわからない子どもの時ほど、大人の話やドラマの内容は強く印象に残るからこそ、本書を読んでいると、かつてそれらから自然に身につけた男尊女卑的価値観と本書で描かれている価値観が、私のなかでは、直結したのです。

たとえば、長寿ドラマ『渡る世間は鬼ばかり』で描かれる嫁姑問題に耐えながら、ひたすら仕事で忙しい夫を支え、家庭で子育てするだけの、あたかも男性が主で、女性はそれに従うだけの存在である生き方を現在の私は受け入れることはできません。

しかし、その一方で、昭和の家父長的価値観は薄れつつもある核家族時代に育った人間の私からすれば、従来の女性の生き方も、そんなもんかなと他人事にしか感じない面もある。ゆえに、子どもの時代の雰囲気イコール懐かしいと純粋に感じているだけなのかもしれず、本書から考えさせられたことは心に強く残りました。

頭ではストーリーを追い、目の前には光景が浮かび、心には強い印象が残った本書、読了後は、美しい文学ってこのことなんだろうな、さすがノーベル文学賞受賞者だなと、ひとりで勝手に余韻に浸っていました。

そんな、オルハン・パムクの作品をずっと読み続けている私ですが、2019年刊行の、『赤い髪の女』（早川書房）は、むしろこれまでのオルハン・パムクのなかでは一番好きな作品だったため、ご紹介するのをどちらにすべきか、ものすごく迷いました。また、2022年11月には、最新刊『ペストの夜』が早川書房から刊行されました。

そして、うれしいことに2020年には、トルコで一番読まれていると言われている女

トルコ

性作家エリフ・シャファクの小説がついに邦訳され、『レイラの最後の10分38秒』が早川書房より刊行されました！　彼女の小説は、英語版もトルコ語版も持っていますが、読めていませんでした。まさか、日本語で読める日が来るとは！

それにしても、日本では、トルコ文学はどれくらいの人に読まれているのでしょうか。毎回、翻訳者さんと出版社には、心の底から感謝していますが、私も原文で読めるよう、トルコ語の勉強をもっとがんばるつもりです。

『シナン』

（夢枕獏著、中央公論新社）

舞台はスレイマン大帝のもと繁栄をほこる16世紀・オスマン帝国時代。史上最大のモスクに挑み、１００年の生涯で４７７もの建造物を手がけた天才建築家・シナン。そのシナンの生涯の物語とは？

トルコに初めて旅行した時、私はトルコの歴史を勉強して行かなかったことを本当に後悔しました。しかしながら、現在では少しずつ増えているとはいえ、まだまだ日本ではトルコの小説も少ない上、トルコの歴史に関しても手軽に読めるものは決して多くはないのが現状です。そんななか、『陰陽師』など、多数の代表作がある夢枕獏さんによるこの小説と出会えたのは幸運でした。

というのも、トルコといえば、やはりオスマン帝国。そのなかでも最も有名なのが、スレイマン大帝ですが、本書にも登場しています。結婚後の私は、トルコ語を勉強するためにと同じくトルコ人と結婚している友人に勧められた、後に日本でも『オスマン帝国外伝愛と欲望のハレム』として放送されたオスマン帝国が舞台となったトルコの宮廷ドラマがお気に入りでしたが、そのドラマの舞台もスレイマン大帝や、その妃であるヒュッレム妃が生きていたオスマン帝国時代でした。

そして、本書の主人公である建築家のシナンも、ドラマと同時代の人物です。彼も、オスマン帝国を46年という長きにわたって統治し最盛期に導いた、英語では壮麗王とも称される世界的にも有名な大皇帝スレイマン大帝の治世に活躍した人物です（ドラマにもシナンは登場します）。

トルコ

ところで、トルコのイスタンブールに行くと、旅行者は隣同士というほど近くにあるアヤソフィアとブルーモスクのふたつのモスクを観光するのですが、当時、そのアヤソフィアよりも大きいモスクをスレイマン大帝に依頼されたのがシナンでした。

というのも、元々アヤソフィアはキリスト教の聖堂でした。そのためスレイマン大帝は、イスラム国家であるオスマン帝国の威信を示すためにも、アヤソフィアよりも大きいモスク、すなわち世界で一番大きいモスクをつくることを希望していました。

しかし、大皇帝スレイマン大帝の悲願にもかかわらず、シナンははじめ、その命令を断ります。勉強家であったシナンには、アヤソフィアとまったく同じ大きさのものをつくることはできるけど、それより大きいものはどうしても無理だとわかっていました。それゆえ、できないと言い切ってしまうのです。

それでも、スレイマン大帝もシナンも巨大なモスクをつくることをあきらめたわけではありません。ゆえに本書で描かれるスレイマン大帝の意向を叶えようと尽力するシナンの奮闘は本書の見所です。しかしながら、本書の魅力はそれだけではありません。なぜなら、100歳近くまで生きたその間に多くの業績を残したシナンですが、天才と言われるシナンが建築家の人生を始めたのは、40歳代でした。建築家としてはかなりの遅咲きであるシナンの人生を知ると、私もまだまだ何かできそうで、その生き方からは勇気をもらいました。

そんな天才建築家シナンですが、彼がつくったモスクのなかで、有名なもののひとつが、スレイマニエ・ジャーミーです。本書によると、これは、スレイマン大帝が自分のためにと依頼したものでしたが、大きさ以外はすべて、アヤソフィアより偉大なものにするとしてつくった美しいモスクです。その複合施設のドーム数は400を超え、スレイマニエ・ジャーミーにあるドーム数だけでも50を超えるとして、世界一を目指しました。よって、スレイマン大帝もこのスレイマニエ・ジャーミーを偉大だと認めました。が、やはり大きさをあきらめることができませんでした。そこでスレイマン大帝は再びシナンに、「本当に不可能なのか？」と問いました。すると、シナンはあるアイデアを話し始めました。それがシナンがたどりついた八角形システムであり、それが活かされたのが、エディルネに作られたセリミエ・ジャーニーです。

ただ、このモスクの完成はスレイマン大帝の死後であり、彼の死後に即位した息子セリムのためにつくられたものになりました。これらの歴史的背景を知らずに、トルコのモスクを見学した私。本書を読まずにトルコに行ったことが、悔やまれてなりません。

ロシア

ロシア旅行記（２０１２年）

ロシア旅行をきっかけに、私にはバレエ鑑賞という新しい趣味ができました。始まりは、２０１２年夏のロンドンオリンピック・パラリンピックでした。そのテレビ中継をひとりでぼーっと見ていると、なんでロシアって女子の体操とかシンクロ（現アーティスティックスイミング）が強いんだろう、そういえばバレエも有名だな、バレエって結局何なんだろうと考え始め、直接見に行こうと思い立ったのです。現在はウクライナ危機の行方がわからず、日本とは領土問題もあり隣国ながら以前からちょっと壁があるロシアですが、マトリョーシカも買うため、その年の冬にさっそく行くことにしました。

そこで、まずは予習のため日本でバレエをみたのですが、つま先立ちでくるくる回るその華麗な舞には、まさかこんな美しい芸術があるとは！　と衝撃を受けました。バレエには、ハードルの高いイメージがあった私ですが、事前にストーリーを調べていけば、バレエは、純粋にオーケストラの生演奏とその舞を堪能することができます。芸術性の高い美しいバレエのすっかりファンになってしまいました。

よって、ロシアのサンクトペテルブルクで、バレエ鑑賞できたときは、感動もひとしおでした。演目は、『くるみ割り人形』でしたが、人形やおもちゃの世界が再現されたストーリーのファンタジー性とロシアの作曲家、チャイコフスキーによるその特徴的なメロディの音楽を存分に味わうことができたのです。

もっとも、バレエの公演だけなら、各国の来日公演もありますし、日本にはすばらしいバレエダンサーがたくさんいらっしゃいますので、日本でのバレエ鑑賞も、クオリティはけっして低くはありません。ただ、日本公演の場合、オペラやバレエ専用の劇場ではない文化ホールでの公演も多く、たとえば、絵画や写真もフレーム次第で雰囲気がだいぶ変わるように、本場の豪華な劇場で観ると、より美しく感じました。

また、モスクワではロシアの作家、プーシキンによる『オネーギン』を原作としたオペラも観劇したところ、そのすばらしい歌声には心が洗われたような気がしました。ですが、やはりオペラの場合は、言語がわからないため、歌の良さを最大限味わえないばかりか、字幕を読みながらでは歌や演技に１００％集中できませんでした。私はオペラより断然バレエ派だと確信しました。

そのほか、モスクワでは赤の広場にあるカラフルな色づかいとタマネギ形ドームが特徴

ロシア

的な、「聖ワシリイ大聖堂」や、外の湖が白鳥の湖のモデルともなった「ノヴォデヴィッチ修道院」、サンクトペテルブルクでは、世界三大美術館のひとつでもあり、世界一の富豪ともいわれたロマノフ王朝の栄華がうかがえる美術品が多く収蔵されている「エルミタージュ美術館」や、琥珀の間などが有名な絢爛豪華な「エカテリーナ宮殿」、内部に無数にあるモザイク画の壁画も美しい、独特な外観の「血の上の救世主教会」などの数々の素敵な場所を訪れました。ですが、最も私が心惹かれた場所。それはロシア正教会の美しい教会群を見ることができる「黄金の輪」とも呼ばれる都市のひとつ、「セルギエフ・ポサード」でした。そこで見た黄色い星がある水色のタマネギ形ドームが特徴の教会群は、雪景色に映えており、とても幻想的だったのです。

モスクワから電車で約1時間の場所にあるそこに行く途中は、ロシア語のアナウンスがまったく聞き取れず乗り過ごして、パニックに陥ったり、遠くから見るとまるで雪に埋もれているようにも見えるそこまで行けるかも心配でした。が、雪を乗り越えてたどりついたその場所は、まるで架空の雪の王国にあるお城のようなかわいさでした。

それにしても、ピョートル1世がヨーロッパに追いつこうと造った歴史の重みもあるサンクトペテルブルクの水色を基調としたその街並みと、モスクワで見た上に十字架が乗った金色の小型のタマネギ形ドームが連なっているのが特徴のギリシア正教会の屋根は白い雪にぴったりで、その景観の統一感は素晴らしいです。しかしながら、ロシアの観光シーズンは夏であり、たとえばエカテリーナ宮殿は5時間待ちも当たり前だそうですが、やはり、ロシア観光は冬が絶対お勧めです。大晦日にはホテルの暖かい部屋から一晩中上がる新年を祝う花火を楽しむこともでき、冬のロシアは本当に思い出深いです。

うれしいことに、ロシアはご飯もおいしいです。ロシアといえばボルシチのイメージが強いかもしれませんが、チーズの種類も豊富ですし、ミルクを使った料理やパイ、ピロシキ、サーモンといった日本でもなじみのある料理のほか、寒いロシアなだけに、何より食事にありがたみを感じ、おいしさが身にしみます。たとえば、雪道や凍った道を散策して、その休憩がてらに入るカフェやレストランで食べたきのこスープは冷えた体が温まっていくのがわかり、格別でした。偶然入ったレストランではピアノの生演奏があったのも、ロマンチックでしたし、お土産にマトリョーシカを買えるのもロシア旅行の醍醐味でした。

ロシア

ちなみに、心配していた寒さですが、気温は4度くらいでしたので、厚着をしていれば大丈夫でした。むしろ、帰国して成田から都内の自宅までの帰り道、そして、年明けの初出勤の日の職場のほうが寒すぎました。大袈裟かもしれませんが、東京の冬の風は非常に冷たい上、職場の建物は古く断熱効果がゼロ、かつ、私の席が特に寒い席であったため、体の芯から冷えたのです。

『絶望』

（ウラジーミル・ナボコフ著、貝澤哉訳、光文社）

出張先のプラハで、自分にそっくりな男と遭遇したことをきっかけに、ある計画にとりつかれたベルリンのビジネスマン、ゲルマン。はたして、従順すぎる妻に物足りなさを感じ、チョコレート工場の仕事にも行き詰まったゲルマンの計画とは一体何なのか？　そして、自分そっくりな男は何者なのか？

多言語作家、ナボコフがロシア語で書いた初期の傑作。

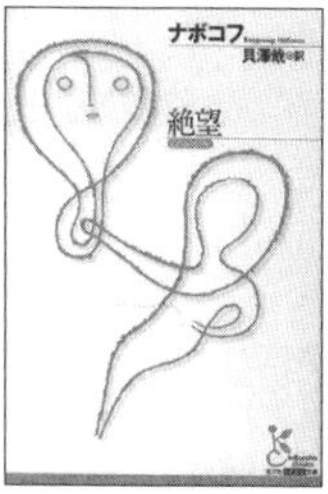

ロシア文学といえば、読んだことはなくても、ドフトエフスキー、トルストイ、チェーホフといった作家の名前は、すらすらと挙げることができるも、現実は、ページ数が少ないツルゲーネフの『初恋』やゴーゴリの『鼻』を選ぶことで、一応、文学の古典・名作を読んだことにしたままの人も多いのではないでしょうか。私もそのひとりで、『カラマーゾフの兄弟』など、有名なロシア文学をちゃんと読んだのは就職してからでした。また、ロシア文学は、古典の新訳のほうが充実しており、現代のロシア人作家の邦訳は、意外に少ないようにも感じましたし、自分に合う作品にはまだ出会えていません。

そんななか、たまたまおもしろかったのが、『ロリータ』で有名な、ロシア生まれのナボコフがロシア語で書いたこの作品です。というのも、本作品には大きな仕掛けがあるのです。（以下ネタバレあり）はたして、ゲルマンが従順だと思っているその妻の真の姿とはどのようなもので、自分にそっくりな男を自身の身代わりとしてあっけなく殺し、その保険金を妻に受け取らせるという計画を実行したばかりか、自身のその完全犯罪を賞賛し、その手記を書き始めたゲルマンは最後どうなるのでしょうか。

そしてもうひとつ、ロシア人による小説ではありませんが、ロシアのことを知るにはとても参考になる、サーシャ・フィリペンコ『理不尽ゲーム』（集英社）を紹介させてくだ

ロシア

さい。欧州最後の独裁国家とも言われるベラルーシが舞台となった本書ですが、その独裁国家の様子はむしろノンフィクションレベルです。だからこそ、そのリアルがより伝わる、これを読むと、現在のウクライナ危機におけるベラルーシの置かれた状況もわかります。そして何より、物語の序盤の事故は、２０２２年のハロウィン時期の混雑で発生した韓国・梨泰院で起こった雑踏事故を思い起こさせるものです。

『タタールで一番辛い料理』

（アリーナ・ブロンスキー著、斉藤正幸訳、幻冬舎メディアコンサルティング）

タタール人のロザリンダの娘スルフィアは、ある日突然、未婚のまま出産。若くして祖母となったロザリンダは、孫娘のアミナートをかわいがっていた。しかし、性格が正反対のふたりの母娘の仲は悪く、夫にも去られてしまったロザリンダ。にもかかわらず、結局は、たくましいロザリンダ頼りの娘や孫娘と元夫たち。ロザリンダの波瀾万丈の人生とは？

本書は、母であるロザリンダが、娘のことを醜くてのろまで、美しい自分とは大違いなど思っていることが最初からはっきりしており、そのロザリンダの強権ぶりには、ただただスルフィアが気の毒でした。よって、本書のストーリーは、出産を機に、子どもを連れてロザリンダの元を去って行く、母となって強くなったスルフィアの自立の物語かなと当初の私は想像しました。

ところが、本書の主人公は、威圧的な性格ゆえに、娘に嫌われるのも、夫に去られるのも、自業自得だと思わされた、どこまでも強い母ロザリンダだったのです。むしろ、この母の想像を超えるたくましさや頭のよさ、そして、そのパワーでどんどん展開していくロザリンダの波瀾万丈の物語には、ぐいぐい引っ張られました。現実にも一緒にいるだけでパワーをもらえる人、この人についていきたいと思わせる頼もしい人がいますが、ロザリンダはまさにそのタイプです。（以下ネタバレあり）

たとえば、スルフィアは出産後、最初の結婚をするもすぐに浮気されてしまいます。そこで、その浮気の代償に家をスルフィアとアミナートに残すよう交渉したのは、ロザリンダでした。その後のスルフィアとユダヤ人男性との再婚、そして、そのユダヤ人男性がイスラエルへ行ってしまった後の事態を好転させたのも、ロザリンダでした。ロシアにいる

ロシア

より外国に行ったほうがいいと考えたロザリンダは、孫娘を気に入ったドイツ人男性がスルフィアと結婚するよう仕向け、家族皆でドイツに行けるよう進めたのです。

もっとも、スルフィアがふたり目の孫とアミナートを連れて、ふたり目の夫の祖国イスラエルに行くことになった際は、アミナートだけは自分の手元に残そうとしたり、ひとりになってしまう寂しさから自殺未遂してしまったからこそ、スルフィアは母の看病のため、結局アミナートとロシアに残ることになりました。

よって、すべてを自分で決めて、娘や孫を従わせるロザリンダは一見すると傲慢ですが、ロザリンダの頭の回転の速さや実力を娘も孫も認めざるを得ない上、ドイツに行ったロザリンダの勢いもまだまだ止まりませんでした。外国だからとひるむこともなく家政婦として成功し、自身のパートナーも得たのです。

いっぽう、父の看病のためロシアに残った心優しいスルフィアは、ドイツに住むこともなく若くして病死、母の死のショックからアミナートは失踪してしまいました。はたして、ロザリンダはこの事態をどう打開するのでしょうか。

『女帝エカテリーナ』

（アンリ・トロワイヤ著、工藤庸子訳、中央公論社）

ドイツの片田舎から14歳でロシアの宮廷に入ったエカテリーナ。1年半後に、後のピョートル3世となる皇太子のピョートル大帝の孫と結婚するも、ほぼ軟禁状態におかれたエリザヴェータの治世下。しかしながら、ロシア正教への改宗、ロシア語の習得、奇人である夫との生活を耐え忍びながら、数々の書物を読むこと18年。33歳で即位した、ロシア人の血をまったくひいていない彼女は、いかにして、ロシアの皇帝として34年もの間君臨できたのか？　その人生の物語。

エカテリーナ2世といえば、愛人の子を秘密裏に産むため火を放ったエピソードなど、恋愛沙汰が有名な上、クーデターでの即位、ポーランド分割、農奴制強化といったネガティブなイメージを私はもっていました。しかし、本書を読んで私が驚いたのは、それらのイメージとは正反対である彼女の人間性と業績の数々です。まさに努力と忍耐の人であり、大帝国を統治していたその知性や行動力には納得です。

ロシア

たとえば、天然痘の予防接種への取り組み、エルミタージュ美術館の建設、元カレをポーランド王に据えてのポーランド分割、トルコとの戦争&クリミア進出、フランスと敵対しながらも、ヴォルテール、ディドロなどの啓蒙思想家とは交流した彼女。一方、啓蒙思想家でありながらも貴族を優遇し、国内を騒がす偽ピョートル3世、農奴制解放を主張する農民の反乱であるプガチョフの反乱には厳しく対応し、専制君主であることは譲らなかったエカテリーナ2世。仕事に全力投球していたからこそ、愛人をたくさん囲ってプライベートを充実させていたのかもしれないとさえ、思わされました。家族とも離れ、よそものながら奮闘する彼女にとって、愛人は必要な存在だったのかもしれません。

そしてエカテリーナ2世と同時代に活躍していたのが、すべてを自分で背負いこみ、家族のことも国のことも懸命にこなしていた、後ほど紹介するオーストリアの女帝マリア・テレジアです。その姿からは、家事も子育ても仕事もがんばる現在の日本の女性のような、ワンオペ姿が思い浮かぶどこか親近感もわく彼女ですが、彼女と領土拡大やれっきとした皇帝として長年君臨したわかりやすい業績があるエカテリーナ2世。もちろん、それぞれの国の事情もあり、どちらのほうが優れているとかではないのですが、どちらも興味深いです。また本書は、池田理代子さんのマンガ『女帝エカテリーナ』の原作本です。

イタリア旅行記（2013年）

みんなが当たり前に行くイタリア。だからこそ、あえて避けていたのですが、私にもようやくその時がやってきました。こういうと、少々大げさかもしれませんが、自分の納得できるタイミングで行くことができたイタリアは感動もひとしおでした。というのも、イタリア旅行のそもそものきっかけとなったのは、ロシアのモスクワで見た「聖ワシリイ大聖堂」でした。現在の聖ワシリイ大聖堂は、ロシアのクレムリンの責任者だったイタリア人建築家の指導があった可能性もあり、まずはそこにひっかかっていたのです。

また、スペインや、ロシア、トルコなど旅行する国の歴史の予習、復習をしていると、やはり、イタリアを見ないと始まらないんだろうなという気持ちにもなりました。そこで読み始めたのが、のちほど紹介する『ローマ人の物語』（塩野七生、新潮社）です。

そんな、かなりの気合いを入れて決定した、世界遺産が世界で一番多い国（2022年現在）イタリアへの旅行ですが、まずは北のヴェネチアから始めて、フィレンツェのドゥオモやその近郊のトスカーナ地方にある、世界一美しい広場があるシエナと、塔の街サ

イタリア

ン・ジミニャーノを訪れ、その後はローマのコロッセオとトレビの泉、バチカンに行くことにしました。そして、その日の夜に高速バスで南に移動し、白い屋根がかわいいアルベロベッロの洞窟ホテルに宿泊&観光。その後、洞窟住居サッシが有名なマテーラでも洞窟ホテルに宿泊&観光した後は、列車でナポリを目指し、夜の最終フェリーでカプリ島に移動して宿泊。翌日は、カプリ島と青の洞窟を見学して、再びナポリで最終日を過ごすという、じつに詰め込んだ9日間のプランを練り上げ遂行しました。

それにしても、イタリア料理は、日本にいてもいつでも食べられますが、本場イタリアで食べる料理は、同じ料理であるにもかかわらず、味が全然違います。いたるところで食べた新鮮なジェラートのほか、カルボナーラ、ラビオリ、ラザニアといったパスタ料理や、ピザ、ニョッキ。そして、毎朝ホテルでのむカプチーノの格別さ！

そして何より、味の違いを一番感じたのはティラミスです。最近では、日本でも新鮮なマスカルポーネチーズを使った本場に近いティラミスも増えてはいますが、はっきりいって、日本で食べるティラミスって、コーヒー？　チョコ？　プリン？　って感じで、私には何味なのか、何がおいしいのかがまったくわかりませんでした（私だけ？）。

しかし、イタリアで食べたことで、「ティラミスって、実はチーズのスイーツだったんだ！」ということが、説明されなくてもはっきりわかりました。普段は、私の海外旅行話にあまり興味のない夫ですが、このティラミスの話だけは説得力があったらしくイタリアで食べてみたいと言ってくれています。

しかも、それら本場のイタリア料理は、たとえばフィレンツェの場合、イタリアの教会堂であるドゥオモの目の前のレストランの野外テラスで、そんなに高くない料金で堪能することができます。時にはマックにも行きましたが、毎日天候にも恵まれ、世界遺産を眺めながらの毎回の食事は、気分も最高でした。

そして、イタリア旅行を続けるなかで、私が思いを馳せていたのは、やはりローマ帝国です。イタリアやほかのヨーロッパの国々を旅行した時に感じる良さというのは、そのおしゃれさだけではなく、ローマ帝国の文化や歴史に由来をもつ、重厚感にあります。30歳を過ぎていたからこそ、そういった歴史や文化の教養を少しは理解することができていたのであり、もし、本も読まず、何の知識も入れないまま学生時代に来ていたら、ただただ、素敵、お洒落、美味しいで終わっていたはずです。

イタリア

そんな、美しいヴェネチアやフィレンツェ、南イタリアの各地などそれぞれ独自のすばらしさがあるイタリアですが、私が最も印象的だったのは、南部で宿泊したアルベロベッロやマテーラの洞窟ホテルです。そこではお風呂に入ったりドライヤーを使うだけで、洞窟で電気・水道を使う楽しさがあったのですが、洞窟というある意味原始的な空間のなか、現代のテクノロジーがセンスよく融合しているようなインテリアデザインはお見事すぎです。ちなみに、イタリア滞在中は眼鏡とアイフォンを紛失しました。

『法医学教室のアリーチェ　残酷な偶然』

（アレッシア・ガッゾーラ著、越前貴美子訳、西村書店）

ローマの法医学研究所で働くアリーチェは、普段は注意散漫、感情的に事件に介入しすぎることを注意される落ちこぼれ研修医。しかし真実の追究をあきらめないアリーチェは、ついに殺人事件の決定的証拠を見つける。恋も進行中のアリーチェのロマンチック・ミステリー小説。

イタリア文学というと、ウンベルト・エーコの『薔薇の名前』、ダンテの『神曲』、ボッカッチョ『デカメロン』といった古典名作が思い浮かびます。ラテン系の陽気なイメージがあるイタリア人とは対照的に、イタリア文学は権威的、または重くて難解という印象を私はもっていました。また、英語以外の作品は気軽に読める小説が意外に少ないです。

たとえば、日本語に翻訳されている海外文学というと、古典名作のほかは何万部突破の感動ストーリーや衝撃作といった話題本。またはミステリー小説やジュニア向け青春ストーリー。そして、ごりごりの純文学といったもののほうが需要が高いのか、それらが優先されているような印象を私はもっています。それゆえに、本書は、重すぎず軽すぎないエンタメ系の海外文学を探していた私の趣旨にまさにぴったりな作品だと思いました。

というのも、本書ではアリーチェが法医学医として謎を解明していくその過程や、犯人が講じるトリックは意外に本格的な上、研修医のプライベートな面としてのアリーチェの恋愛も、結構しっかりと描かれています。その硬と軟の対比こそが、本書の大きな魅力にもなっているからです。また、ドジで一生懸命だからこそ、その目の離せない感じが男性にモテるアリーチェのキャラクターは、日本のマンガやドラマの主人公によくあるタイプでもあります。大いに共感を覚えるアリーチェの恋と仕事との両立ぶりと、期待通りのイ

イタリア

タリア的恋愛を本書で味わってみるのはいかがでしょうか。

それにしても、アリーチェの彼氏となるアーサーは、出会いの場面から完璧です。イケメンでやさしい素敵な彼氏の描写は「王子様」そのもので、まさにバックにイタリアの風景が似合う感じがします。にもかかわらずアリーチェは、実は上司のクラウディオにも気持ちがあるようで、この二股感には、正直ちょっとイラッとさせられる部分もあります。しかも、彼氏がいるアリーチェと普段は厳しい上司のクラウディオとの突然のキス。

いっぽう、一見欠点のない王子様のようなアーサーは、いきなり海外に行く決断をしてあっけなく去ってしまいます。ゆえに、「険悪なふたりがなぜ突然キス？　情熱的だったアーサーは、あっけなく去るんだ？　しかも、アリーチェにはクラウディオがいるのに、アーサーを追うんだ？」という感じで、恋愛偏差値の低い私には、ちょっとついていけない感じもありました。

しかし、舞台がイタリアだと思えばアーサーの王子様ぶりの描写も含め、二股や突然の遠距離恋愛といった自由な感じすべてが、情熱的なイタリア人のおしゃれな恋愛だと思えました。イタリアでは6巻まで続く人気シリーズで、テレビドラマ化もされている本書ですが、日本ではこれ一冊しか翻訳されていないのがとても残念です。

『逃れる者と留まる者（ナポリの物語3）』

（エレナ・フェッランテ著、飯田亮介訳、早川書房）

頭脳明晰で激情的な美しいリラ。うちには強い思いを抱えながらも優等生タイプでどこか平凡なエレナ。リラとエレナ、対照的なふたりの女性が歩んだそれぞれの道とは？　長年の友情と彼女たちの人生が描き尽くされたナポリの物語。1950年代のナポリを舞台に、ふたりの幼少期が描かれた1巻。リラの結婚と不倫、エレナの大学生活が描かれた2巻。リラの苦境と復活、エレナの作家としての成功と結婚生活の破綻が描かれた3巻。物語の完結編第4巻直前の山場が描かれたのが、本書である第3巻です。

非常に月並みなことに、私が好きな国ベスト1位はトルコ、2位はイタリアです。いっぽう、私が海外で好きな作家は、1位オルハン・パムク、2位は本書の著者、エレナ・フェッランテです。そのため、旅行に行って好きになった国の順位と好きな作家の国の順位が、偶然にも完全に一致しました。私としては、もっとばらばらになると思っていたの

イタリア

で、意外な結果だと思っています。

そんな、私が大好きな第４巻まで続く本シリーズですが、ここでは女性が共感できるポイントがたくさんあります。たとえば、美人で意志の強い女友達に憧れつつも嫉妬したり、ついその友達と自分をくらべて必要以上に自分を卑下したり、勉強ができる頭の良さとは違う友達の真の賢さを目の当たりにして、ガリ勉でにきび面の自分を恥ずかしく思ったり、でも恋はしてみたいと思っている葛藤を味わったり……。こういったコンプレックスを抱えたことがある方は実際、多いのではないでしょうか。

それでも成長すれば、たとえば女性の場合は、男性と議論して納得させることができたことで得意になったり、結婚して出産することで女性としても自信をもてるようになったり。気づいたら、かつて嫉妬の対象だった友達とは立場が逆転していて、以前は憧れていた友達を自分が助けていることに優越感を感じたり。

あるいは、結婚して子どももいるけど、いつまでも忘れられない人がいたり、実の母親や姑との微妙な関係に悩んだりといったことなど……。これらのことも、女性なら何かしら、あてはまるものがあるのではないでしょうか。

よって、そんな女性ならではのエピソードが随所にちりばめられている本書は、もしかしたらストーリー自体はありきたりなのかもしれません。しかしながら、本書がほかの小説と決定的に異なっている点、それは、登場人物のそれぞれの行動や、発言といった出来事の描写と心理描写のバランスが実に絶妙であるその文学性です。

これまでは、小説を読む際、そんなことはまったく意識していませんでしたが、本書の場合は、そういうことかなーと考えながら読んでいると、サラッとその答えを教えてくれているようでもあり、心情を説明しすぎていないようにも思えました。だからこそ、大長編ながらも、そこまで重くもなく、自然に物語そのものを感じることができたのです。

そして、なんといってもこの物語の醍醐味はやはり、リラとエレナが同じ男性を好きになるからこそ、ふたりの人生が交錯していくその模様です。しかも、その男性がかなりのゲスであるゆえに、ふたりは共感しあい、ふたりの間にはより強い友情が生まれるのです。

また、本シリーズは、リラとエレナふたりの子どもの成長までが描かれた60年にも及ぶ長い期間が描かれているだけあって、登場人物も非常に多いです。それぞれの個性が引き立っているからこそ、それらの個性が、物語の躍動感にもつながっていました。たとえば、エレナの夫も、ふたりが関係した男にしても、まさしく「こういうタイプいるいる！」といったリアリティーがあります。加えて、本シリーズから伝わってくる当時のナ

イタリア

ポリの雰囲気や緊張感も相当です。まさに、イタリアをまるごと味わうことができました。

そんな長きにわたる全4巻のシリーズ本のうちの一冊である本書ですが、なぜ私がその第1巻ではなく、あえて第3巻を紹介したのか。実は本書は２０１９年3月の新刊だったため、つい3巻という途中から読み始めてしまいましたが、途中からでも、まったく違和感はありませんでした。エレナの結婚、出産、キャリアを中心としたストーリーである3巻は、彼女が私の年齢と近かったこともあり、多くの共感点があったからです。

なので、すぐに1巻、2巻に戻って、ふたりの過去を遡ってみると、「あー、そういうことだったのか」と、その読み方の順番のほうが、むしろ納得できました。1巻から読んでいたら、もしかしたらあまりの長さに挫折していたかもしれません。そして、ついに２０１９年12月に完結編である第4巻が刊行されました！　そのクライマックスのすばらしさは、やはりすべて読んだ人だけが感じることができるものではないでしょうか。

『ローマ人の物語』

（塩野七生著、新潮社）

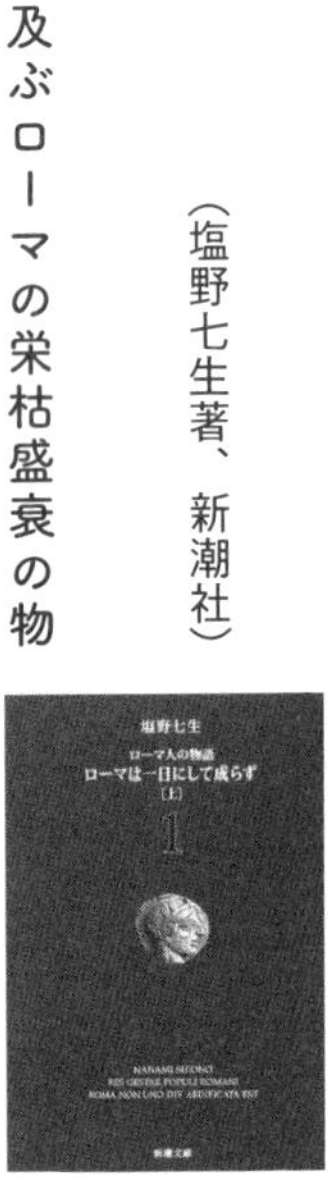

塩野七生による、1500年に及ぶローマの栄枯盛衰の物語。年代ごとの編年体だけではなく、人物ごとに叙述する列伝形式も取り入れられているのも特徴的な、単行本全15巻、文庫本全43巻を誇るローマの歴史とは。

本シリーズの刊行が始まったのは、1992年のことです。当初から非常に人気がありましたが、当時の私が思っていたこと、それは、「偉大な古代ローマの歴史は、おもしろいんだろうけど、他の歴史書と何が違うんだろう」また、「世間ではやたらイタリアだ、ティラミスだって騒いでいるけど、一体何がそんなにいいんだろう」と、そもそもイタリアの良さというものが、あまりピンと来ていませんでした。

しかし、本シリーズを読んではっきりしたこと、それは、間違っていたのは、完全に私のほうだったということです。ローマの歴史には、本当に圧倒されました。まさに、読みながら腰をぬかしそうな、読んだ直後は、もう立てないような感覚でした。

イタリア

とはいっても、私がここまでおそれ入った理由は、ローマの歴史そのものだけではありません。書き手が塩野さんだったからこそ、私はローマの歴史のすごみに気づくことができたのです。もし塩野さんの作品でなければ、私はここまでローマ帝国の歴史に没入していません。歴史のダイナミズムをリアルに実感させてくれるその表現力や、人物中心で進むからこそ伝わる皇帝の人柄と魅力など、全体的にとてもわかりやすいです。

たとえば、なぜ先に繁栄していたギリシアではなくローマが大帝国になったのでしょうか？　大帝国となったローマ帝国を支えたその技術や政治はどうだったのでしょうか？　そして、なぜキリスト教が帝国繁栄と崩壊の鍵となったのでしょうか？　1巻は紀元前8世紀ごろから始まり、「これってホントにそんなに昔の話なの？」と疑いしか生じないくらいレベルの高い政治体制をもっていたローマ帝国の滅亡が15世紀というだいぶ先のことだと思うと、途方がくれる思いで読み始めたローマ帝国ですが、なぜ、ここまで栄えることができ、滅びてしまったのでしょうか？　普通ならば専門知識が必要そうなことを本シリーズからは前提知識がなくても学ぶことができます。

ドラマのように進むからこそ、退屈することもありませんし、知識としての歴史ではなく歴史が心に残る本シリーズ、その迫力に私はのみこまれたのです。

スペイン旅行記（2012年）

スペインは、私が初めて行ったヨーロッパの国です。トルコのモスクなどイスラム建築に大いに感銘を受け、ヨーロッパでのそれが見たくなった私は、一気にここで旅行方針を転換。少しずつ西に進んでいたこれまでのスタイルから、スペインの南方、グラナダにあるイスラム王朝の栄華を今に伝えるアルハンブラ宮殿に行くことを決意しました。

また、このスペイン旅行は、今までの私にはない女子らしい旅になったのも、思い出深いです。というのも、その時、一緒に行った友達が提案してくれたのは、私には絶対思いつくことがない「パラドール」というプランだったからです。

その「パラドール」とは、古城や貴族・領主の館、または由緒ある修道院を宿泊施設に改修したスペインの国営ホテルのことですが、そもそも、私はパラドールのことはまったく知りませんでした。なので、常に安さ重視で、ホテルにこだわりのない私からしてみれば、別に泊まらなくてもいいのでは？　と思っていました。ですがトレドにあるパラドールに宿泊してみたところ、それは、実に嬉しい誤算でした。

スペイン

古代ローマ時代からの要塞都市として栄えたトレドですが、私達が宿泊したパラドールの外観も古城さながらの由緒ある趣がありました。その室内も豪華すぎずシンプルすぎずといった非常に洗練されている印象です。そして、何よりすばらしかったのは、トレド市内が一望できる自室のバルコニーです。そこから見た景色は、今まで見てきたものとは、また違ったタイプの美しさでした。

一言でいえばお洒落、あるいはヨーロッパ的と表現すると、実に陳腐ではありますが、これまでの旅で味わったような、広大な大地、雄大な自然、エキゾチック、歴史を感じるといった感覚とはまた違っていて、ファッションやインテリアのような人間が意図して作ったものではない風景というものをあえてセンスがいい、と表現したくなったのです。

これが多くの人が憧れる西洋風？　ということなのかもしれません。その想像をはるかに超える景色は、新たに別の世界の扉を開けた先に拡がっている光景といった感じでもありました。しかも、私達が行った時期は、ちょうどお祭りの時期だったようで、街なかは普段とは違う装飾がなされていました。平常よりも豪華な装いのその街並みの夜景や、そこに朝陽が上る様子は、時間を追うごとにその光の加減で風景が変化し、何時間でも飽きずに見ることができました。さらに、夕食は外のテラスで沈みゆく夕陽を眺めながら食べましたが、抜群の美しさでした。そろそろ天上からのお迎えかなと感じたほどです。

ほかにも、スペインにはすばらしい場所がたくさんありました。世界で唯一、モスクと大聖堂が同居するコルドバのメスキータや、風車がかっこいい『ドンキホーテ』の作者セルバンテスのゆかりの場所、または、繊細な幾何学模様やアラベスクの装飾が美しく、中庭が特徴的なアルハンブラ宮殿など。スペイン旅行のお目当てだったひまわり畑は未開花でしたが、宮殿エリア内は薔薇が満開で、なおさらうれしかったです。

また、バルセロナでは、独特な曲線や色づかいがおもしろい数々のガウディ建築やサグラダ・ファミリアも堪能できました。サグラダ・ファミリアの外観の彫刻のすばらしさは、私が表現するまでもありませんが、カンボジアのアンコールワットの彫刻劇場とはまた違い、上部にはカラフルな果物の彫刻があったりと、宗教的な荘厳さと南国風のかわいさとの対比が実におもしろいです。さらには、私が行った前年に完成したばかりのサクラダ・ファミリアの内部の大聖堂に入場でき、ステンドグラスの美しさや、どこか宇宙的にも思える個性的なデザインの大聖堂内部を楽しめたことにも、非常に感動しました。

それればかりか、ワインにいろいろなフルーツやスパイスを加えて作るスペイン生まれのワインカクテル、「サングリア」の味は忘れられません。日本では、その銘柄のものが

スペイン

グラスに注がれたものしか飲んだことがなかったのですが、グラスの中にもフルーツがたっぷりの本場のサングリアの味は、まったくの別物でした。あまりにおいしかったので、帰国後は安いサングリアと季節の果物を買ってきて家で作ってよく飲んでいました。

ところで、今回同行してくれた友達というのは、実は旅仲間募集のネットの掲示板で知り合った方々でした。いつも、ひとりで行くことが寂しかった私の初めての試みです。なので、初対面の方々に自分を主張することを遠慮していたからこそ、パラドールも強く拒否しなかったほか、現地のグルメやファッションをチェックしたり、香水やコスメをお土産に買ったりという女子力高めの行動ができない私が同行者であって大丈夫か、も心配でした。が、帰国後は、旅仲間３人でスペイン料理を食べにいって旅の余韻に浸ったり、翌年は今回行ったなかのひとりの方とイタリアにも一緒に行くことができました。

ちなみに、女子らしい旅といった表現は、私も

ふさわしいとは思っていません。ただ、2020年、たまたま旅行ガイドを見ていたら、女子にお勧めの旅はマッサージや買い物メインの旅、男子にお勧めの旅は歴史遺産を巡るプランが提案されていました。歴史=男？ まだその感覚が一般的ということかなと、苦笑しました。

『キャンバス』

（サンティアーゴ・パハーレス著、木村榮一訳、ヴィレッジブックス）

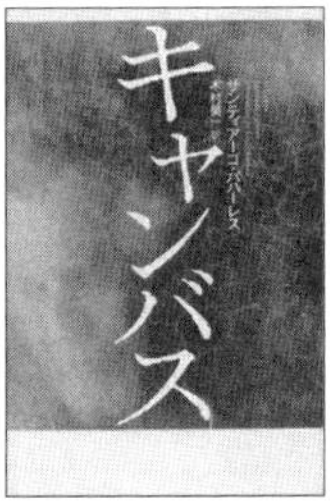

自分の絵をなかなか売ろうとしなかったが、ようやく売却を決心した有名な老画家。その絵は前代未聞の高額で売却されるが、美術館で飾られている自身のその作品を見た老画家は、作品の過失に気づく。そこで、絵の修正を希望した老画家だったが、その希望を受け入れなかった美術館側。ゆえに、老画家はその絵を盗み出すことを息子にお願いするのだが……。

スペイン

率直に言って、私はこの本はすごく気に入りました。絵画にまつわるストーリーといえば、たとえば原田マハさんの『楽園のカンヴァス』などは非常に人気がありますが、海外文学で絵画ものというと、名画の教養といった前提知識が、より要求されそうで、ちょっとハードルが高くもあります。

しかし、この本はまずテーマが面白いです。たとえば、美術作品における鑑賞側は誰も気づかない描き手だけがわかる作品の完成度は、どこまで高みを目指すべきで、作品は創作者、鑑賞者、所有者、一体誰のものなのでしょうか。はたまた、芸術と法の関係はどうでしょうか。本書では、老画家側が一度は売却した美術館に絵の修正の相談をするも、売却してしまっている以上著作権はすでに移っており、簡単には渡せないとの対応を美術館側にとられる場面が描かれています。法的に考えるともちろんそうですが、作品とは誰のもので、芸術とは何か、私も考えさせられました。

ところが、本書のその後の展開は少し意外でした。というのも、まずは自分の作品であるにもかかわらず、自分がまったく手を出せないとは、どういうことかと怒った老画家ですが、年をとりさらに頑固になっている老画家は、何と、絵を盗むよう自身の息子に要求するのです。まじめなストーリーかと思いきや、何とも驚きの展開です。

しかも、息子は悩んだ末、その絶対不可能な盗みの計画の実行を決断します。すると今度は、それを知った老画家の息子の妻が、盗難は完全な違法行為だと、妨害しようとしました。その結果、夫婦仲は悪化してしまい、盗難計画にも様々なハードルが生まれました。だからこそ、盗みは成功するのか、絵は無事修正できるのか、作品が完全作でなくても所有者によって絵は展示されるべきなのか、だとしたら、芸術とは何かといったことを考えながら読まされる本書には、非常にスピード感がありました。

さらに本書には、自身は画家になれなかったその息子の挫折感や、父に認められたい気持ちからくる葛藤、最初は実現不可能と思いながらも、法よりも芸術のため、何よりも自分の作品を取り戻したいという父の気持ちに自分こそが応えたいなどといった息子の心境の変化も、しっかり描かれています。その上に、法か芸術か、父か妻かといった選択を迫られる息子、そしてその妻の、義父の芸術か夫を守る己の正義感か、その二択を迫られる緊迫感もあり、老画家の芸術家としてのプライドもわかりますし、登場人物それぞれの内面が伝わってくるのも本書の大きな魅力でした。

そして、私が読了後に一番驚いたのは、本書の総ページ数です。海外作品というと結構分厚い力作が多いなか、よくよく考えたら、芸術のこと、息子の成長ぶり、家族や夫婦関

スペイン

係の機微といった登場人物の内面も詰まっていたのに、たった290ページでここまで伝えられるんだということには感動さえ覚えました。しかも、数々の芸術家を輩出しているスペインのマドリードの雰囲気も十分味わえる本書。込み入った内容をここまでシンプルに仕上げる作家の力量をも感じさせられる作品でした。

『パズルの迷宮』

(フアン・ボニージャ著、碇順治監訳、沢村凜訳、朝日出版社)

セビリアの新聞社でクロスワードを作る仕事をしているシモン。ある日、「道化師たち」という言葉をクロスワードに入れるよう脅迫されたシモンだったが、それに従うと、地下鉄ではテロが発生。犯人を探し始めたシモンは、自身のルームメイトを疑い始める。調べれば調べるほど疑わしいルームメイト。それを機に知り合った人たち。謎が謎を呼ぶ、迷宮ストーリー。

本好きなら誰しも、いい本を読んだ時は人に勧めたくなるものです。しかし、自分の好みの偏りで、気づいたらいつも似たようなタイプのものばかり紹介してしまうのは、やはりちょっと難点です。というのも今回、実は私にはもう一冊非常に迷ったものがあったのです。

それが『まぼろしの王都』(エミーリ・ロサーレス、河出書房新社)という作品です。『千夜一夜物語』がそうですが、私は物語のなかにまた物語があったり、現実と過去、現実と妄想の世界が錯綜していくといったタイプの構成にすごく弱いです。『まぼろしの王都』は、ある日、「見えないまちの回想記」という18世紀イタリアの建築家の手記を手にしたバルセロナの画廊経営者である主人公が、それをもとに絵画の謎解きをしていくというストーリーなのですが、手記の文章と現在が同時に進んでいく様子は、まさに私好みの二重構造の物語になっていました。

しかも、こちらも絵画にまつわるストーリーになっており、同じスペイン内で、『キャンバス』と中身がかぶっていました。そこで、ここでは映画化もされている『パズルの迷宮』を選んだ私ですが、本書のストーリーも、実は、かなり錯綜しています。

というのも、まず主人公のシモンですが、脅迫のことは新聞社の人にも伝えましたが、

スペイン

その後、新聞社とルームメイトはつながっていたことがすぐに発覚しました。また、探れば探るほどルームメイトや、そのルームメイトがやっているゲームなど怪しいものが続々と出てくるため、シモンは弁護士にも相談しました。しかし、それさえも疑わしく、たまたま書店で知り合った新たな女性も、裏でつながっているような不信感がぬぐえず、シモンは誰を信じていいかわからなくなっていきました。

そんななか、街では、毎年恒例の盛大な祭りが行われますが、そのスペインらしいお祭りの描写も現実と疑念の区別がだんだんつかなくなっているシモンの錯綜ぶりをさらに強調してくれてもいます。はたして、何が真実だったのでしょうか？　まさに、謎が謎をよぶ迷宮小説です。

そんな本書の映画版は、日本でも公開されたようなので、ぜひ映像作品のほうでも、この錯綜感をシモンと一緒に感じたいのですが、本書の「あとがき」によると、どうやら本書は、日本の地下鉄サリン事件がインスピレーションになっているようです。それを念頭に置いて読んでみるのもいいかもしれません。

『さらば、アルハンブラ 深紅の手稿』

（アントニオ・ガラ著、日比野和幸＋野々山真輝帆＋田中志保子他訳、彩流社）

スペイン、アンダルシア地方にあったイスラムのグラナダ王朝。レコンキスタが完了し、アルハンブラ宮殿を失ったグラナダ王朝最後の王、ボブアディルは、何を思っていたのか。王になるまでのこと、レコンキスタ、妻への愛、母との関係など。グラナダ王朝史上最も弱い王といわれながらも、降伏後はアフリカで60歳まで生き続けた王が、叙情的に綴った回想の手記。

１４９２年のレコンキスタ（国土回復運動）完了、もしくは、グラナダ陥落といえば、試験に絶対出るとして、小学校の時から必ず年号を覚えさせられる歴史的に重要とされる項目です。ただ、その内容は、キリスト教徒たちがスペインに侵入したアラブ王朝からやっと自分達の土地を取り返したという面が強調され、イスラム王朝を約８００年かけてやっと追い出して勝利したキリスト教こそが正義といった印象を与えられがちです。

しかし、そもそも、なぜスペインでイスラム王朝が約８００年も続くことができたので

スペイン

しょうか。そこには、侵略だけでは説明しきれない理由、そして、イスラム王朝の文化の高さもあるのでしょうか。イスラム王朝を象徴する建築物であるスペインのアルハンブラ宮殿とその庭園は、現在でも世界的に人気があり、私も旅行記に書きましたが、スペインの地で続いたイスラム王朝とはどのようなものだったのでしょうか。

なので、本書は、レコンキスタという歴史的項目を暗記しただけの人には、特お勧めです。というのも、実際、私達が普段手にとるのは経営者の成功の秘訣が書かれた本など、脚光を浴びるのは勝者だけで、世間にはいわゆる勝ち組に関する情報ばかりがあふれているからです。判官びいきという言葉もありますが、たとえ勝者との差はわずかだったとしても、破れたほうはあっけなく忘れ去られるのが世の常です。

つまり、本書のような、敗者が延々と回想したものは興味をもたれにくいがゆえ、意外に少ないのではないでしょうか。しかし、負け組の心情のほうに興味がある私にとって、情報が少ないレコンキスタにおける敗者側の言葉を知ることができた本書は貴重でした。水のない砂漠の民だからこそ、植物を大事にする精神、アラブ人による侵略はあったのか、スルタンであった父、そして、叔父との対立や、王朝内部の分裂などがゆっくり回想される本書。フィクションではありますが、当時の事情がよくわかりました。

ドイツ旅行記（2014年）

ドイツ旅行の一番の目的は念願のクリスマスマーケットでした。というのも、高校生だった頃、毎朝の私の唯一の楽しみは、新聞に入っている海外旅行の折り込みチラシをチェックすることでした。なかでも、ツリーのオーナメントなど様々なクリスマス雑貨を買うことができるドイツのクリスマスマーケット巡りは、特に私の憧れでした。当時の私はまだクリスマスに浮かれていたのです。

なので、初めてのドイツ旅行は、クリスマスを含む12月下旬に決行しましたが、もうひとつ私が外せなかったのが、グリム兄弟の足跡や童話の舞台となった街をたどることができるドイツ北西部にある「メルヘン街道」です。そこには童話の『ハーメルンの笛吹き男』や『ブレーメンの音楽隊』でも有名な場所、ハーメルンやブレーメンが含まれます。そこで、まずはハーメルンに、私たちは鉄道で向かいました。

そのハーメルンの現在の様子ですが、物語から思い起こされる不気味なイメージとは無縁なメルヘンの世界そのものでした。地元の人にとっては、見慣れた風景だと思います

ドイツ

が、石畳が拡がる街並みに、石やレンガで造られたかわいい家々や、2、3階だての建物ほどの高さがある本物の木に飾りつけたクリスマスツリーが並び立つその光景は、私にとっては絵本でしか見たことのない、空想に近いものでもありました。また、街の所々にはネズミのモチーフや童話に関する彫刻もあるのですが、なかでも私が最も心を掴まれたのが、『ハーメルンの笛吹き男』のストーリーが人形で再現されたからくり時計です。

ハーメルンの旧市街の中心の広場にある「結婚式の家」という建物に設置されているからくり時計ですが、そこから出てきて、からくり仕掛けで動く笛吹き男、ねずみ、街の人々の人形たちは本当にかわいく、自身のスマホで撮影したからくり時計の動画は、旅行中も帰国後も何回見たかわからないくらいです。

そして、次に私たちが向かったのが、グリム兄弟が長年暮らした街、カッセルです。そこでは夜暗い中、グリム兄弟の像を見ましたが、想像していたものとは違いかなり控えめだったことに、むしろ私たちは癒やされました。また、クリスマス当日にはドイツに現存するお城の中でも、最も美しいともいわれる「ノイシュヴァンシュタイン城」がある街で宿泊し、夜はホテルの窓から見えるライトアップされた淡い光に包まれた幻想的なお城を堪能。翌朝お城周辺を散策しました。

ただ、人気の観光地にもかかわらず、人も少なく静かだったことに私は少し驚きました。というのも、日本のクリスマスの日はそもそも平日で、仕事や学校も通常通りです。その上、12月は、忘年会や仕事納めなどで何かと慌ただしいですし、社会人になってからの私のクリスマスは仕事を終えたあと、晩ご飯に無理矢理チキンとケーキを食べるといったどこかやっつけ感があったからです。いっぽう、ドイツでは長い休暇に入るクリスマスシーズン。それゆえか、翌朝もホテルに人気はなく、ツリーを見ながらシュトーレンを食べた穏やかなクリスマスの日の朝食は、実に思い出深いです。

そのほか、ドイツの食べ物といえば毎朝食べたハムやクリスマスマーケットの露店で買ったソーセージやホットワイン、結び目の形が特徴のドイツ発祥のパン、プレッツェルも印象的です。特に、顔の大きさほどあるチーズがのったプレッツェルは、絵的にもインパクトがあり、メルヘンチックなドイツの街並みを背景にして、食べ物を持って写真を撮るのは、とても楽しかったです。

ちなみに高校生の時から憧れていたクリスマスマーケットは、フランクフルト、ブレーメン、カッセル、ミュンヘ

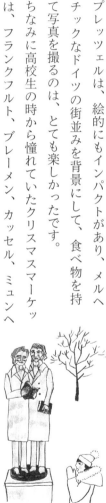

ドイツ

ンで開かれていたものを楽しみましたが、もはや特別な日ではなくなり、クリスマスへの執着がなくなっていたアラサーの私は、クリスマスグッズの買い物に熱狂することはありませんでした。むしろメルヘンチックなドイツの街並みや鉄道の車窓から見た森の様子に、ひたすら夢中でした。

『謝罪代行社』

（ゾラン・ドヴェンカー著、小津薫訳、早川書房）

依頼人に代わって謝罪をする仕事を始めた学生時代の知人、男女４人。ビジネスはすぐに大当たりし、共同生活も順調な４人。しかし、ある日舞い込んできた殺人犯からの依頼。それは、死体に謝罪しろというものだった。だが、当然謝罪だけでは終わらず、悲劇に巻き込まれていく４人……。

ドイツは、ゲーテやヘルマン・ヘッセなどといった文豪が多い国です。そのため、ドイツ文学には少々お堅いイメージを持っていた私ですが、約10年前の２０１２年には、ドイツの小説家フェルディナント・フォン・シーラッハによる『犯罪』が本屋大賞「翻訳小説部門」を受賞。最近ではドイツミステリーの翻訳が充実しています。

そこで、ドイツのお勧め作品はすぐに見つかるだろうなと気軽に構えていた私ですが、予想以上に選書は難航。作品数が多いだけに、もっと私に合致するものがあるだろうとの期待も大きく、なかなかこれといったものが見つかりませんでした。

そんななか、タイトルが気になって偶然読んだ本書ですが、その舞台となるのは、湖と森が多く、首都ながらも大都会という感じがしない良さがあるドイツの首都ベルリンです。しかしながら、冒頭は女性が磔にして殺されるという衝撃的な場面から始まる本書！そのため、こういった残虐ミステリーがあまり得意ではない私は、この本は候補にはならないだろうな、と思いながら読み進めていました。

ところが、その後の展開は想像したような血みどろな展開ではありませんでした。４人の悲劇は続くものの、根底に描かれているドイツで生きる若者の姿や、本書の主人公４人それぞれが抱える若者特有の悩みや依頼人である殺人犯の動機からは、ドイツの社会問題、そして、日本の社会問題との共通点も感じ、かなり興味深かったのです。

ドイツ

まず、本書の主な登場人物となる４人ですが、その構成は兄と弟のふたり、親友同士の女性たちふたりです。そんななか、謝罪代行社のアイデアを思いついたのは、新聞社を突然リストラされた兄弟の兄のほうでした。解雇に関して謝罪してくれなかった上司を兄は容認することができなかったのです。

また、ちゃんとした職にはついていなかった兄以外の３人ですが、弟はドラッグで彼女を亡くした経験で苦しんでいたほか、親友同士の女性のひとりには、娘を出産したものの離れて暮らさざるを得なくなった過去があり、もういっぽうの女性は不安定な生活と家族との関係に悩む日々を送っていました。ヨーロッパで大きな社会問題になっている若者の失業に直面する４人ですが、その上に、若さゆえの喪失感にも苦しんでいたのです。

よって、高学歴ワーキングプアや若者を食いつぶすブラック企業の横行といった若者が厳しい現実に直面している日本の現状とドイツの社会状況、または若者の喪失体験については、どこか似ているようにも感じました。もっとも、「すみません」を連発し、謝罪があいさつのようになっていて、インターネットで「謝罪代行」と検索すれば簡単に謝罪代行サービスを見つけることができるほど謝罪が目新しくない日本ですから、ドイツと日本の謝罪の重さはやはり違います。だからこそ、ドイツの若者たちが始めた謝罪代行社の行方など、本書は非常に奥深いストーリーになっています。
　はたして、4人に突如来た死体への謝罪を要求する殺人犯とは誰で、目的は何なのか？　それらが気になるのは当然ですが、そもそも、謝罪を代行し、謝罪するべき本人が謝らなくていいという倫理的に問題のあるビジネスを始めた4人が悪いのでしょうか。つまり、謝罪代行社の存在が犯人に殺人を犯させたのであり、4人が、殺人の責任を負うべきなのでしょうか。謝罪代行という仕事の倫理的問題や、自分たちが抱えている悩みにも向き合うことになる4人の登場人物たちは、どのような解決策を導き出し、それらは事件にどう影響するのでしょうか。それらも本書の大きな見所です。

『悪徳小説家』
（ザーシャ・アランゴ著、浅井晶子訳、東京創元社）

愛人に妊娠を告げられ、妻への罪悪感から愛人殺しを実行してしまったベストセラー作家。しかし、死んだのは妻のほうだったことを知る――。

ドイツ

なぜ、死んだのは妻だったのか？　なぜ、愛人の存在を妻には絶対に打ち明けられなかったのか？　そして、作家の正体を暴こうとする追跡者とは誰か？　はたまた、残り20ページを残すのみの作家の新作はどうなるのか？　どこまでも悪人である愛人殺しの男の結末はいかに？

１冊目に続き、２冊目もあえてミステリー小説を選んだ私ですが、その理由は本書からはドイツらしさを特に感じなかったことにあります。なぜならドイツに関する本といえば、文豪による文学作品やナチス関連の翻訳ものを目にすることも多いですが、だからこそ、その国らしさを感じないことが魅力になるこの発見は、私にも意外だったのです。

また、本書の読みやすさは、私にとっては新鮮でした。というのも、イタリアの時にも触れたように、重たすぎず軽すぎずというエンタメ系の作品、そして、本書のような愛人の妊娠をきっかけに殺人事件に発展していくというある種単純なミステリー小説は、英米文学以外では、意外と少ないのです。

もっとも、その気負いなく読むことのできる本ストーリーの男性主人公による殺人の理由が、愛人との不倫の末の妊娠ということに関しては、到底受け入れられるものではありいました。むしろ、何て安易で芸のないストーリーなんだろうとさえ、当初の私は思っていました。

ところが、読み進めていくと、(以下ネタバレあり)妻こそが真の作家であり、夫のゴーストライターであるという真実が明らかになるほか、ストーリーには謎が山積みなのです。たとえば、だとしたら、そもそも、愛人殺しをたくらむこの男は一体何者なのか?なぜ、死んだのは愛人ではなく妻だったのか? その上、なぜ男は、その後愛人をも殺したのか? はたまた、そのゴーストライターの秘密や、男の犯行は世間にばれてしまうか? 結局、男は逮捕されるのか、されないのか? 多く横たわる謎の真相が気になり、物語に引き込まれていくのです。

とはいえ、本書に引き込まれる最大の要因は、実は殺人犯であるゆえにもつ、この男の人間性です。というのも、男自体は、妻の作品のおかげで裕福な生活を送り、愛人まで囲っていた世渡りのうまいサイコパス的な人格です。にもかかわらず、妻を愛していたからこそ、人間らしさも芽生えたのか、この男は、なぜか自分の秘密を暴こうとした男の命の恩人になった上、妻を殺してしまった後悔で、妻の亡霊まで見るのです。むしろ、その男からは、人間らしさや男の成長さえも、より強く感じてしまい、読んでいくうちに憎みき

ドイツ

れなくなるような、不思議な感覚にもさせられるのです。

そんな本書の舞台となっているのが、どこにでもあるような郊外の海辺の街なのですが、そのドイツらしさがあるわけではない点が、愛人殺しというある種普遍的なテーマと合っていました。

『ハーメルンの笛吹き男　伝説とその世界』

（阿部謹也著、筑摩書房）

小さい頃多くが絵本で知る、街のねずみを退治した男が、最後は笛を吹き、子どもたち全員を連れていってしまうという、『ハーメルンの笛吹き男』のお話は、一体、いかにして生まれたのか。1284年6月26日、ドイツのハーメルンで約130人の子どもが集団失踪したという実際に起きた事件をもとに、その真相を歴史学者がていねいに解説した一冊。

この本の単行本は1974年に平凡社より刊行され、文庫化されたのは、1988年でした。しかし、それから30年も経った2019年、本書は突如、爆発的に売れました。そんな本書の内容はというとヨーロッパでさえもまだ解明されていない『ハーメルンの笛吹き男』の大いなる謎の解明に、中世ドイツの地方都市の文献を研究している歴史学者が、本気で挑んだ、かなり本格的なものになっています。

そもそも、子どもの時に読んで、非常におそろしくて、不気味で、だからこそ忘れられない『ハーメルンの笛吹き男』ですが、どうやらおとぎ話どころか、実在の事件がもとになっているようです。また、本書では、たとえばこの事件の子どもたちの大量失踪の背景には、戦争、子どもの十字軍、当時よく行われていた大量移住説など、様々な説があるようですが、そのほかには、当時、ねずみ取りという職業があったこと、音楽は人を惑わせるから危険、という風潮があったことなども解説されています。

ところが、それらの説や要因を細かく分析していくと、どれもが子どもの大量失踪の原因としてはどこかに矛盾があるそうなのです。よって、残念ながらすべて解明とはいきませんでしたが、長年謎を抱き続けていた私も、とてもていねいに解説されている本書を読むと、当時の事情や背景がよくわかりました。

オーストリア

オーストリア旅行記（2014年）

オーストリアの首都ウィーンでのオペラ鑑賞は、ドイツ、オーストリア、チェコ、フランスを９日間で周遊していた私達女ふたり旅の最大の山場でした。本来はバレエ派ではありますが、本好きの私達だけに、物語が音楽や役者によって表現される芸術作品にはやはり興味があります。そのため、音楽の都ウィーンでのオペラ観劇は、ベトーヴェンが唯一完成させたオペラ『フィデリオ』のウィーン国立歌劇場、１階最前列、中央の席を奮発して予約しました。

その、ヒロインの女性が男装して監獄に潜入し、政治犯として拘禁されている夫を救うストーリーである『フィデリオ』ですが、物語のクライマックス時のオーケストラ演奏は圧巻でした。歌と劇両方がメインとなる歌劇であるオペラにおいて、終盤、かなり長めの演奏が始まるのが本作品の特徴ですが、音楽が主役となることには、やはり一瞬戸惑いました。が、これまでのストーリーをも表現しているような音楽に聴きいっていると、物語の感動もこみあげてきて実にすばらしかったです。よって、そのオペラの余韻からか、雨上がりの滴で潤って一層輝いて見えた街に迷いこんでしまった私たちは、徒歩15分くらいの場所にあるホテルになかなか帰りつけず、少し焦りました。

オペラ鑑賞の翌日は、グスタフ・クリムトが、ベートヴェンの交響曲第九を表現した壁画である『ベートーヴェン・フリーズ』という作品を鑑賞しに、「セセッシオン」という美術館に向かいました。ただ、ウィーンといえば、長年、ヨーロッパに君臨したハプスブルク王朝の歴代君主が主に夏の離宮として使用した、世界遺産「シェーンブルン宮殿」やクリムト作品として有名な『接吻』が展示されている「ベルヴェデーレ宮殿」が観光地としては有名です。しかし、ベートヴェンのオペラを鑑賞した私達は、あえてこちらに向かったのです。

なので、悔いはまったくないのですが、やはり、ウィーンに1泊しかできなかったのは心残りです。ロマネスク、ゴシック、バロックといった様々な建築様式を一度に見ることができる歴史的景観が続く美しいウィーンの街並みにあるカフェで、せめて、ウィーン名物、チョコレートケーキの王様ザ

ッハトルテは食べたかったです。ちなみに、オーストリアでは、世界的な観光地であるにもかかわらず、どこかアットホームな雰囲気があったほか、前日に訪れたモーツアルトゆかりの街、ザルツブルクも素敵でした。

『知識ゼロからのオペラ入門』

（池田理代子著、幻冬舎）

『ベルサイユのばら』で有名なマンガ家で、ソプラノ歌手としても活躍する池田理代子さんが、『フィガロの結婚』、『魔弾の射手』、『セビリアの理髪師』といった聞いたことはあるけれど、ストーリーは?? といったオペラの名作をイラストとともに、わかりやすく解説してくれた一冊。

オーストリアといえば、ウィーン、音楽の都、オペラ、何とも安易な発想ですが、私もウィーンでのオペラ観劇には感動しました。そこでここでは、大人気『ベルサイユのばら』誕生50周年で、2022年に再び盛り上がりを見せたマンガ、フランス革命やマリー・アントワネットを題材にした『ベルばら』の著者である池田理代子さん解説してくれているオペラに関する本書を紹介することにしました。

ぜひ、あの『ベルばら』の池田さんが解説してくれているオペラの入門書であるこの本で自分のお気に入りのストーリーを探し、観劇したいオペラを見つけてみてはいかがでしょうか。というのも、たとえば、映画の場合は今日はどんな話なのかなと期待してから観賞し、おもしろい話だったねといった感覚でみると思うのですが、バレエやオペラは事前にストーリーを知って鑑賞したほうが歌や踊りにより集中することができ、そのすばらしさをより堪能できます。その上、そもそもオペラ初心者の場合、何から鑑賞したらいいかがわからないのです。まずは好みのストーリーを見つけることが、挫折しない近道です。

とはいえ、オペラやバレエの私からの説明は不要かと思いますので、最後にウィーン生まれの作家であるマルク・エルスベルグによる『ブラックアウト』上下2巻本（角川書店）を紹介して終わりにさせてください。

というのも、どうやら、オーストリアはドイツ文学のジャンルに入るようで、2019年はオーストリアのペーター・ハントケがノーベル文学賞を受賞しましたが、ドイツ人作

オーストリア

家の翻訳本のほうが多いのかもしれず、オーストリア人作家を探すのは結構大変だったのです。

そこで、やっと見つけたのが本作ですが、その内容は、「スマートメーターを狙ったテロによって電力送電線の異常による停電に襲われた真冬の全ヨーロッパを舞台に、天才ハッカーが停電の原因を突き止めるも、ＥＵは原因究明に苦戦。はたして復旧はいつになり犯人は誰なのか？」というものです。電気が止まったことで予想以上に何もできず、すべてがストップし、解決の見通しがまったく立たない様子は、まさにコロナ禍の状況そっくりでした。今読むとよりそのリアリティーが味わえる作品です。

『奪われたクリムト　マリアが『黄金のアデーレ』を取り戻すまで』

（エリザベート・ザントマン著、永井潤子＋浜田和子訳、梨の木舎）

ナチスにより奪われた美術品のひとつ、『接吻』で有名な画家グスタフ・クリムトに

よる絵画、『黄金のアデーレ』。その絵のモデルであるアデーレの姪、かつ正当な所有者であるマリアは、後にオーストリア国家の所有となったその絵を取り戻すことを決意。はたして、オーストリア国家と裁判したマリアは、絵を取り戻すことができるのか？　マリアの真実の物語。

クリムトの名画が題材となった2015年の『黄金のアデーレ　名画の帰還』という映画がすごく良かったので、書籍版を探してみたところ、映画原作としての小説ではないもののの、ノンフィクションとして書かれた本書を見つけることができました。

まず、本書でマリアが取り戻す絵画、『黄金のアデーレ』を描いた画家のクリムトですが、1862年に生まれたオーストリアを代表する画家です。彼の作品のひとつ『接吻』のように、金箔が多用された絢爛なものや、甘美さが彼の作風にもなっています。

それにしても、ナチスに奪われ、その後はオーストリア国家の所有となった世界的にも有名なクリムトによる『黄金のアデーレ』を裁判で取り戻すことができたというのは、正当な所有者に返還されるのは当然であるとはいえ、正直ちょっと信じがたくもありました。

だからこそ、高齢にもかかわらず、あきらめないマリアのその芯の強さ、信念というも

オーストリア

のが最終的には、いろんなものを動かすことを映画と本で目の当たりにした私は、映画を見ても本を読んでも、非常に心を動かされました。

まさかミーハーな気持ちでしか見ていなかった絵画というものに、こんなにも大変なストーリーがあったなんて、一つの絵に秘められたマリアの物語からは、むしろクリムトの高い芸術性以上の感動をもらったくらいです。

よって、今ではクリムトの作品というよりも、マリアが取り戻した絵だからこそ、そんな動機でいいのだろうかとは思いますが、『黄金のアデーレ』をぜひアメリカに見に行きたいと思っています（マリアは、オーストリアの美術館に飾られていた絵を自身が住むアメリカに持ち帰りました）。

ちなみに、２０１９年、日本では、「クリムト展　ウィーンと日本１９００」が開催されました。幸運にも、当時ちょうど愛知県に住んでいた私は、豊田市美術館で、ウィーンで見たベートヴェンの交響曲第九を表現したクリムトの壁画との再会を果たすことができたのですが、そのことをひとりで勝手に喜んでいました。

『ハプスブルク家の女たち』

（江村洋著、講談社）

1452年にフリードリヒ3世が神聖ローマ帝国の皇帝に即位すると、以後帝冠を世襲したハプスブルク家。その背景にあった巧みな結婚戦略とは？　また、そこで生まれたマリア・テレジア、マリー・アントワネットのほか、フランス皇帝ナポレオン1世の皇后となったマリー・ルイーズ、ブラジル皇后となったレオポルディーネなど。ハプスブルク家の女性たちの生涯とは？

ヨーロッパの歴史といえば、偉大なるローマ帝国があったイタリア、太陽が沈まぬ帝国といわれたスペイン、ヨーロッパ文化の中心地であり、フランス革命という市民革命が起こったフランス、そして、地球の約4分の1の領土を有し世界史上最大の帝国だったといわれる大英帝国の主イギリスといった国々の歴史を知るほうを私は優先しがちでした。しかし歳を重ねた私が、今一番注目しているのが、オーストリアのマリア・テレジアです。なぜなら、今でこそ子育てしながらフルタイムで働くバリキャリママが日本でも増えま

オーストリア

したが、マリア・テレジアは当時では珍しい恋愛結婚を成就させた上、20年間に子どもを16人産みながら政治の最前線で活躍した、まさに頭も体もフル回転の女性です。そんな、彼女のパワフルさと偉大さに、私は今ようやく気づいたのです。

また、本書を読んで私が新たに感じたのは、彼女は、日本人が一番親しみを持つ女帝かもしれないなということでした。というのも、彼女は、カール6世の娘という正統な後継者であるにもかかわらず、女性であるゆえ、父の死後はすぐに各国に領土を狙われました。それだけに、実権は握っていたものの、彼女は男性後継者にこだわり、だからこそ、3人連続女子を産んだ自身や、長男やマリーアントワネットのお世継ぎ問題にも頭を悩ませました。また、実際の皇帝は実は夫のフランツだった上、息子とは共同統治をしていました。男性の価値観を受け入れた一歩下がった面もあったのです。

よって、彼女の偉大さがわからなかった学生時代の私は、日本では娘のマリー・アントワネットのほうが有名なのはなぜだろう？　と漠然と考えた結果、彼女の業績が帝国の死守というどこか地味であるからかな（当時はその業績の価値がわかりませんでした）、娘の方が悲劇的だからかな、などと勝手な解釈をしていましたが、業績だけがポイントではなかったのです。彼女以外の人物のエピソードも読んでみてください。

チェコ旅行記（2014年）

プラハは、ドイツのフランクフルトから始まった鉄道での旅の最終目的地でした。そのため、到着した時はついにたどりついたその達成感だけですごく興奮しました。が、実際のプラハの街もその浮かれた気分をまったく裏切らない本当に素敵な所でした。たとえば、夜暗いなか、教会や広場がライトアップされ、クリスマスマーケットが開かれていたその夜の街並み。翌朝の明るい光の中で見たかわいさと歴史ある雰囲気が調和したその街並みは、これまで移動してきた西ヨーロッパとはまた趣が異なっていました。夜の街とのギャップも大きく、一瞬で虜になったのです。

また、翌朝には、旧市街とプラハ城をつなぐカレル橋を私達はプラハ城に向かいながら歩きましたが、その聖人像が並ぶカレル橋の雰囲気は、まさに異世界にかかる橋といった趣で、相当かっこよかったです。ちなみに、チェコを代表する作家といえばカフカやカレル・チャペックゆえ、プラハにあるカフカの家や画家ミュシャの美術館も、ぜひ行きたい場所でしたが、午後からはフランスへの飛行機での移動が控えていました。

チェコ

つまり、これまでのトルコ、ロシア、イタリア、スペインなどは、一か国を1週間以上かけてまわっていた私にとって、今回の9日間での4か国周遊はさすがに弾丸すぎたようです。さらに、チェコでは、デジカメの充電が切れた上、チェコ伝統のマリオネット人形劇は定番のものしかみることができず、やはりチェコも非常に心残りなのです。

それにしても、チェコのスーパーで買ったサラダのパッケージに書かれていたスマーフのイラストは、アニメ文化があるチェコの雰囲気にマッチしていた上、実は子どもの頃に、父がよくスマーフグッズを持ち帰ってくれていたゆえ、久々の再会でした。スマーフは、ベルギーのマンガ家が生み出したキャラクターですが、トルコでも小さいスマーフがいる公園がありましたし、ヨーロッパでの浸透ぶりがわかったのは、かなりうれしかったです。

というのも、キティちゃんなどサンリオブームが全盛だった当時は、誰にも興味をもってもらえなかったスマー

フグッズですが、なんと、大人になった２０１１年、スマーフの実写アニメ映画が日本でも公開されたのです。なので、子ども時代、父が持ち帰ってくれたほかのキャラクターも思い出してみましたが、夏にクリスマスを迎えるオーストラリアのTシャツ&短パンを着たブルーサンタをキャラクター化した文房具はお気に入りで、いまだに持っています。父が勤めていた会社の先見の明には感服ですが、その存在を誰か知ってるのかな？

『シブヤで目覚めて』

（アンナ・ツィマ著、阿部賢一＋須藤輝彦訳、河出書房新社）

10代の頃から三船敏郎に恋し、現在は大正・昭和期の作家川下清丸の作品に惹かれ、その研究に没頭するプラハの大学院生、ヤナ。すると、渋谷では、日本への強い想いからか、ヤナの分身が覚醒!? はたして、渋谷のヤナは無事戻ることができるのか？ はたまた、研究のアドバイスをくれる先輩、クリーマとの恋の行方、そして、謎めいた寡作の作家川下清丸の研究成果はいかに？ プ

チェコ

プラハと渋谷が交錯する新世代幻想小説。

チェコの文学といえば、チェコスロバキア出身の作家ミラン・クンデラの『存在の耐えられない軽さ』は、私のなかで長年、世界文学№1でした。性に奔放に生きる主人公や愛人のほか登場人物たちが、人間の存在は重いのではなく、むしろ軽いことに直面し、その苦悩を生き続けるそれぞれの姿などが描かれ、その抜群にかっこいい哲学的なタイトルを裏切らないストーリーには、約20年前に初めて読んだ当時、実に衝撃を受けたものです。

そのほかにも、チェコには、カフカやカレル・チャペックなどの代表的な作家が世界的にも有名ですが、私が新たに注目したのが本書のアンナ・ツィマさんです。大正・昭和期の日本文学者という渋い題材を扱いつつ、シンプルな文章で描かれた現在の「シブヤ」とプラハの二都市が舞台となって展開される本書のポップなストーリー。その斬新さには意表をつかれました。

というのも、一見突飛に思えるストーリーにもかかわらず、本書は、いかにも絵空事的なファンタジー小説にはなっていないのです。たとえば、修論に苦戦するヤナの手記のような形で進む基本のストーリーの実直さや、外国文学研究のための資料収集の困難さのほか、文学理論など大量の知識を身につけている研究室の先輩の威圧感、そして、日本好きが集まる日本文学専攻の若者たちの描写など、それらは、非常にリアルです。

また、ヤナが「シブヤ」で感じる自分が無視されているような、何を言っても的外れな返答しかされない分身としての感覚は、日本で多くの外国人が普段から感じている、まだまだ外国人慣れしていない日本人の外国人への態度の描写のようでもありました。さらに、本書に挿入されている川下清丸の小説に描かれた昔の日本や埼玉県の川越の雰囲気などは、日本人の私が読んでもまったく違和感がありませんでした。

そのいっぽうで、本書にあふれるフレッシュ感！　たとえば、恋愛に奥手な先輩クリーマとヤナが、日本文学をチェコ語に翻訳しながら距離を縮めていくといった、まじめカップルのその初々しさ。そして、窓の写真をとる日本人青年といったミステリアスな登場人物のほか、分身のヤナが「シブヤ」でクリーマと再会して迎えるアクティブなクライマックスなど。

みずみずしさとリアリティーがここまで共存できるとは。今後の活躍が実に楽しみな作家さんです。

『もうひとつの街』

（ミハル・アイヴァス著、阿部賢一訳、河出書房新社）

プラハの古書店で、菫色の装丁の見知らぬ文字で書かれた本と出会った私は、その本に導かれるまま、「もうひとつの街」に入りこんでしまう。硝子の像の地下儀式、魚の祭典、ジャングルなどが現れるもうひとつの不思議な街。しかし、その先につながっていた場所とは。

この小説の魅力。それは、何といってもその文章にありました。とはいえ、もちろん、チェコ語がまったくわからない私が読んだのは、日本語の翻訳です。そのため、私の感覚は間違っているかもしれませんが、本書を読んでいると、なぜか音楽を聴いているような、美しいメロディが流れているような気持ちになり、あまりの心地よさに、途中何度も寝てしまったほどです。読むというより、文体の響きを感じているような、それくらいするすると文章が流れていく感覚を味わったのです。

しかも、その音楽のような文体と小説の中身が合いすぎています。というのも、見知らぬ文字で書かれた本を手にした「私」が、その不思議な本に誘われて、もうひとつの街に迷い込んでいく感覚は、私自身が眠気を感じた夢心地な気持ちで読んでいるだけに、その無意識にすっと落ちていく感覚はかなりリアルに感じることができます。

また、「私」はたまに、現実に引き戻されるのですが、その感覚は、半分夢の中の私が、読みながら寝ていたことに気づいて、はっとする感覚とも一致します。現実に引き戻された感覚も、「私」と同様な感覚を味わうことができるのです。

まさか、文体で、小説の内容にここまで深みを与えてくれ、日本語の翻訳で、ここまで幻想小説をリアルに体験できるとは。翻訳家さんには、いつもリスペクトしかありませんが、特に阿部賢一さんが翻訳されているチェコの文学作品は、日頃からよく読ませてもらっています。

そして、本書の「もうひとつの街」は、（以下ネタバレあり）実は図書館からつながっています。図書館の奥のほうのあまり人がいないコーナーから、だんだんジャングルになっていき、そこに迷い込んだ図書館員は帰ってくることができず、これまで何人もの図書館員が失踪しているのです。ゆえに本書のストーリーは、もちろん私もそうですが、特に図書館が好きな人にとっては、わくわくする内容になっています。

最後にもう一点、この小説に関して私が興味をもったのは、「あとがき」に書かれていた作家の出自についてでした。本作の著者は、現代でも謎の民族出身ということですが、そのことについて触れたあとがきの解説までもが、この作品をより不思議な本に仕上げてくれていました。

『図説　チェコとスロヴァキア』

（薩摩秀登著、河出書房新社）

70年以上、共同で国を創っていたが、1993年に分離したチェコとスロヴァキア。それぞれの首都であるプラハとブラチスラヴァ、地方都市、両国に多く残る古城やチェコ王国の繁栄、そして、チェコスロヴァキアが誕生し、分裂するまでなど。両国の歴史を写真や図で解説してくれた一冊。

本書は、様々な国や地域の歴史や文化のポイントを写真や絵で解説してくれている河出書房新社刊行の『ふくろうの本』シリーズの一冊です。そのわかりやすさはもちろんのこと、見た目の薄さ以上に読み応えがある本シリーズには、旅行の予習・復習本としても、私は毎回必ずお世話になっています。なかでも、チェコに関する本書は、私が最も参考になった一冊です。

というのも、チェコに関しては、「プラハの春」、作家のカフカや音楽家のドヴォルザークの出身国といった断片的な知識しか私はもっていませんでした。また、チェコの別名「ボヘミアン」には、「自由人」という意味もありますが、その言葉の影響からか、チェコにたいして、どこか退廃的な雰囲気さえ思い浮かべていました。しかし、本書で知った首都プラハの千年の歴史に、私は実に強い感銘を受けたのです。

まず、長い歴史をもつプラハの源流ですが、それは、9世紀のモラヴィア王国の滅亡とほぼ前後するかのように登場したプシェミスル家という新たな支配者一族のひとり、リブシェという聡明な巫女とその夫である農夫のプシェミスルでした。このふたりが王朝の始祖になったという伝説があるそうです。

そして、10世紀半ばには外来の商人たちで賑わう交易地となったプラハですが、やがて14世紀になると、ドイツ王でもあり神聖ローマ帝国の皇帝でもあったカレル4世が現存するヨーロッパ最古の石橋であるカレル橋を造りました。カレル4世はプラハを帝国の宮廷

チェコ

都市にふさわしい街にしようと整備し、その結果プラハはヨーロッパ中から知識人や政治家が集まる中世ヨーロッパ最大級の都市となりました。つまりプラハは神聖ローマ帝国の首都といっていいほどの空前の繁栄の時代を迎えたのです。

そんな、プラハの歴史において、個人的な興味を惹かれるのが、1576年に神聖ローマ皇帝となったハプスブルク家のルドルフ2世です。この皇帝は、宮廷をウィーンからプラハに移し、芸術品のコレクションをふやしたほか、錬金術や占星術、カバラ（ユダヤ教の秘儀）や、古代エジプトの宗教に熱中したちょっと変わった人物です。

そのためかルドルフ2世には、アルチンボルドという画家が描いた『ウェルトゥムヌスに扮したルドルフ2世』という野菜で表現された肖像画があるのですが、有名な作品なので、ルドルフ2世の名前より、こちらのほうが知られているかもしれません。

ちなみに、「ボヘミアン」という言葉は、紀元前4世紀から同1世紀頃まで住んでいたボイイ族に由来するということも、本書で知ることができました。また、同じふくろうの本の世界の歴史シリーズの1冊として、2021年10月には、本書と同じ著者による『図説 チェコとスロヴァキアの歴史』も刊行されています。

フランス旅行記（2014年）

フランスといえばパリ。日本人にとっては憧れで何かと絶賛されるパリですが、そのあまりの人気ぶりには、本当にそんなにいいんだろうか？　とむしろ私は冷めていました。しかし、ヨーロッパに行くことになったついでに、せっかくならパリがどんな感じか見てやろうと、私達もついにパリに乗り込んでみました。すると、それまで巡ってきたヨーロッパの国とくらべても、パリにはやはり日本人があふれていました。一緒に行った友達とはやっぱり日本人ってパリ好きだねって思わず笑い合いました。

そこで、元々パリに興味がなかった私達は、凱旋門もルーブル美術館もエッフェル塔も、シャンゼリゼ通りも行かないで、まずは、モン・サン＝ミッシェルに向かいましたが、まさに天空の城ラピュタのようで、浮いてる城塞感がとてもかっこよかったです。ところが、モン・サン＝ミッシェルの内部は、その外観とは対照的でとても優美なのです。たとえば、アーチが続く回廊など、全体的に丸みを帯びた空間が多いほか、植物をモチーフにした修道院の内部を装飾する彫刻や、貝模様で装飾された窓のステンドグラスなど。その非常に柔らかい雰囲気には、心打たれました。

　また、翌日は、ロワール地方にある、６人の女性が城主として君臨したことでも有名な、「シュノンソー城」、豪華絢爛な室内装飾やゴブラン織タペストリーが楽しめる17世紀の古城、「シュヴェルニー城」、ディズニー映画『美女と野獣』の実写版のモデルともなった、「シャンボール城」などの古城を巡りました。

　そのなかでも、「シャンボール城」にあったさりげない花の彫刻は、かわいくて印象的ですが、前日見たモン・サン＝ミッシェルの内部の優美さと合わせて考えると、フランスの場合はドイツの牧歌的なメルヘンさとも、イタリアやウィーン、チェコのような荘厳で歴史が漂ってくる雰囲気とも異なり、どこか洗練された淡い感じを受けました。

　よって、これがフランスの特徴なのかな、それならたしかに女性に人気があるのもわかるなと、私はフランスの特徴を勝手に解釈しました。ですが、翌日のフランス最終日に行ったパリ郊外のヴェルサイユ宮殿は、絵の大きさも装飾も

想像を超えたぜいたくさで、郊外の古城や、モン・サン＝ミッシェルで感じた繊細さとは、また別のフランス文化でした。パリには冷めていた私ですが、フランス文化の奥深さを感じ、改めて、フランスのことをもっと調べてみたいと思うようになりました。

それにしても、日本人観光客が多いフランスだけに、お得な日本語のオプショナルツアーが充実しているのは、私にとっては利点でした。日本人が多くないドバイやほかの場所では何度か英語ツアーにも参加した私ですが、集合時間を聞き逃さないようにするのに必死で観光を楽しむ余裕はなく自分の英語力に完敗した記憶の方が強いです。

いっぽうで、たとえば、モン・サン＝ミッシェルに泊まりに来ている若い日本人カップルや、ガイドさんの説明をまったく聞かずにバスで寝て過ごすだけの多くの日本人には、「別れたらこの思い出はどうなるんだろう？」「ガイドさんのいい話を聞かなくて、本当に大丈夫？」などと、余計なお世話な心配をするデメリットもありました。

そして、日本人の多さゆえ、ついつい日本人に目がいってしまうのか、私達を案内してくれた熱のこもったパリ在住の日本人ガイドさんのクセの強さにも注目してしまいました。たとえば、彼の多大なるフランス愛とは対照的な、彼の話をまったく聞こうとしないほかのツアー参加客との温度差のなか、えんえんと話し続けるその姿や、フランスへの情熱を台無しにするような聞き取りづらいその話し方などは、むしろ私達にはかなりのツボでした。そのため、何とか彼の熱心さに応えたくて、帰国後モン・サン＝ミッシェルに関する質問メールを送ってみたところ、「電話でお話しします」との回答でした。お手間をかけさせては悪いと思い、電話は遠慮しておきました。

『パリ左岸のピアノ工房』

（T・E・カーハート著、村松潔訳、新潮社）

パリの狭い通りにある不思議なピアノ工房。訪ねる決心をし、幾度となく通ったアメリカ人の著者は、ピアノ工房の主リュックに導かれるまま、すっかりピアノの世界に魅せられてしまう。運命のピアノとの出会い、アルコール依存症の熟練調律師、公開ピアノレッスン、娘が通う音楽学校。そして、イタリアへのピアノ工房見学旅行など。まさにピアノに関してが語り尽くされた完全なるピアノ・ノンフィクション。

ヨーロッパの選書、特にドイツとフランスは、文豪や有名な作品も多いため、非常に迷いました。なぜなら、私には、文学センスというか、純文学を理解できる芸術的感覚は備わっていないからです。フランス文学やドイツ文学が本当に好きな人にとっては、私の選書はどこか物足らず、もっといい本がたくさんあるのに、なぜそれなの？　と怒られるのではないか……。それらがとても気になり、どこか自信がありません。

実際、ここで私が紹介している作品に関して、文学にくわしい人からは指摘を受けたこともあります。特にフランス文学に関しては、読んでもよくわからないという経験が私には何度かありますし、私の文学センスは、なかなか向上しないようです。

そんな私ですが、２０１７年の話題のベストセラー、ミシェル・ウエルベックの『服従』（河出書房新社）はフランス文学への抵抗が薄れた作品でした。また、書店主が、ノーベル文学賞作家であるモディアノのサイン本が入ったバッグの持ち主の女性に恋をする物語である、アントワーヌ・ローラン『赤いモレスキンの女』（新潮社）は、お洒落なパリのイメージを裏切らないとても素敵なラブストーリーだと感じました。

そして最近はやっと、マンガ『金田一少年の事件簿』（講談社）で中学生の時に知った『オペラ座の怪人』（ガストン・ルルー、新潮社など）を再読できました。当時は、興味を

フランス

もちながらも、謎の怪人が出現するだけのつまらないものとの思いもあり、挫折したのですが、再読すると、その読みやすさと文学的純愛ストーリーには感銘を受けました。

ゆえに、それらの作品からフランス文学が難解というのは誤解だったのかなとも、思い始めている私ですが、今回私が選んだのは、外国人の視点からパリが描かれている本書でした。なぜなら、ノンフィクションにもかかわらず、本書からは、まるでピアノの国に迷い込んだような、どこか幻想的なストーリーをも感じることができ、パリの素敵さがより伝わってくるからです。

たとえば、本書で書かれている春の夕暮れどき、サン＝ルイ島を通りかかった著者が耳にしたいっせいに明け放たれた窓からきこえてくるピアノ演奏。あるいは、金曜の夕方、ピアノのアトリエがカフェのような雰囲気となり、ピアノ好きが工房に集まってくるその様子など。それらを思い浮かべてみると、パリは、ピアノの国の舞台として、とてもマッチしているように感じました。

また、本書に書かれているパリのピアノ工房で著者がリュックと語り合った内容や、著者が再びピアノと生き始めたその人生の物語。そして、中古ピアノが、作られた年代や場所、種類、持ち主の使い方によってその価値がきまることのほか、それらの売り方や中古ピアノの修復法、または、ピアノの仕組み&調律についてなど、とにかく本書には、ピアノについての話題が豊富です。私もかつては毎日弾いていた大好きなピアノだけに、どこか詩的な文章で語られているありとあらゆるピアノに関する本書のエピソードは、そのすべてにひきこまれました。

ちなみにピアノに関する音楽小説は日本でも非常に人気があります。たとえば宮下奈都『羊と鋼の森』（文藝春秋）、恩田陸『蜜蜂と遠雷』（幻冬舎）は、どちらも本屋大賞受賞&映画化作品です。しかし、これらは青春小説でもあるゆえ、どこか物足りなかった方もいるかもしれません。大人向けのピアノ小説のようでもある本書、かなりお勧めです。

『セーヌ川の書店主』

（ニーナ・ゲオルゲ著、遠山明子訳、集英社）

シャンゼリゼの船着き場の船を書店〈文学処方船〉にする書店主のペルデュは、20年前に去った恋人のマノンを忘れられないでいた。しかし、

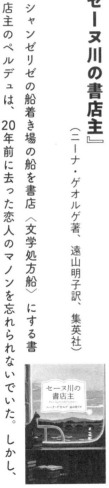

フランス

カトリーヌとの出会いをきっかけに、ペルデュは20年前の手紙を開封。マノンがすでに病気で亡くなったことを知り、衝動的に船で出港してしまう。すると、そこに乗り込んできた、２作目が書けない若きベストセラー作家のマックス、途中からは、かつての女性の影を求め続けるイタリア人のクーオネも同乗。マノンの故郷プロヴァンスを目指す男３人の船旅の結末とは？

私が感じた本書の一番の魅力。それは、本書が文学とプロヴァンスが描かれた美しいラブストーリーであることでした。というのも、フランスといえば、パリともうひとつ、南フランスのプロヴァンスに憧れる人も多いと思いますが、実は私も、『フランスの花の村を訪ねる』（木蓮、東海教育研究所）を読んで以来、南仏を理想郷のように想像しているそのひとりなのです。

季節ごとの綺麗な花々に囲まれた、植物の恵みを存分に享受できる、こんなにも美しい暮らしができる場所って本当にあるのでしょうか。南仏の存在は、もはや私は信じていないくらいです。

そんな美しい南仏ですが、そこを目的地にして旅に出るのが、悩みを抱える人々に、毎日治療薬のように本を処方している本書の主人公であり、20年前の恋をいまだに引きずっている、書店主のベルデュです。同じアパートに越してきたカトリーヌとの運命の出会いをきっかけに、旅に出るペルデュでしたが、過去から逃げ、抜け殻同然だったペルデュの人生は、ようやく動き始めたのです。

なので、一見すると感傷的なストーリーにも思える本書ですが、意外に明るい内容になっているのも、本書の特徴ではないでしょうか。というのも、まず私は、主人公のペルデュには「はいはい、元カノ忘れられない系ね」、といった感じのいかにも身近にいそうな親近感を覚えました。

また、本書で描かれている、たとえば、息子ほど歳が離れたベルデュの旅の相棒であるマックスが、船内でピアノを弾く様子や、これまでは、味も感じずベルデュがひとりでとっていた食事が、イタリア人クーオネが作る料理でその感覚を取り戻していく様子など。男3人が、文学、音楽、食べ物、で絆を深めていく様子はとても楽しそうでした。そして、到着地である南仏の美しさ！

ぜひ、本書からそれぞれの登場人物の成長と、南仏のすばらしさを感じてみて下さい。

フランス

『マリー・アントワネット』

（シュテファン・ツヴァイク著、中野京子訳、角川書店）

宿敵であったブルボン家（フランス）とハプスブルク家（オーストリア）の同盟のため、オーストリアから14歳で嫁いだマリー・アントワネット。役目を果たそうとするも、フランス革命の犠牲になり、悲劇のフランス王妃となった彼女。ハプスブルクの皇女マリー・アントワネットの人生の物語とは？

この本を読むまで、マリー・アントワネットの王妃としてのイメージは、私のなかではあまりいいものではありませんでした。彼女といえばやはり、あの有名な無責任発言や賭け事などの夜遊び、宝石やドレスなどファッションへの散財がすぐに思い浮かんでしまいます。しかしながら、上下巻の本書を読み通すと、マリー・アントワネット自体への見方が変わったのはもちろんのこと、王妃って何なんだろう？　じゃあ王妃として彼女はどうすればよかったんだろう？　などといったことをものすごく考えさせられ、大変刺激を受けました。そして、私をそこまで引き込んでくれたのは、やはり、ツヴァイクの文章です。

とはいうものの、細かい文字がびっしりつまった上下2巻の文庫本であり、著者が文豪のツヴァイクである本書には、私も最初は尻込みして、せっかく買ったものの、長らく放置していました。しかし、いざ読み始めてみると、あまりの読みやすさにむしろ、拍子抜けしました。ツヴァイクの文章には、文学特有の難解さはなく、その文章は、臨場感と中身をしっかり伝えてくれるものだったのです。

たとえば、戦争をするかわりに、その膨大な予算を費やして行われたフランスでの豪華な結婚式の様子が描かれた物語序盤の場面は、実に迫力があります。そして、肝心のマリー・アントワネットの夜遊びや散財、愛人フェルゼンとの恋などといった数々の問題行動の真意も、本書を読むと理解できました。というか、むしろ、それらの事情がわかると、私の胸中はより複雑になりました。

というのも、そもそも、マリー・アントワネット自体、まずは母であるオーストリアの女帝マリア・テレジア、夫のルイ16世、敵対するデュバリー夫人とくらべると、14歳という今でいう中学生に過ぎない彼女だけに、はっきりいって、キャラはかなり薄目だったのです。王妃であるためか、映画などではヒロインとして描かれていることが多い分、無意識に彼女を主役であることが当然だと、私は考えすぎていたようです。

たしかに、ヨーロッパの中心であるフランスの宮廷に突如連れてこられただけでなく、一番頼りたい夫が変わり者だと知った少女に、一体何ができたのでしょうか。ルイ15世の愛人が幅をきかせる乱れた宮廷、新しい皇太子妃の力を利用しようと彼女をそそのかす人たち、世継ぎを産むことへのプレッシャー、または、読書して、夫に尽くして、まじめに生きろと手紙を送ってくる母マリア・テレジアからの圧力など……。

これら様々な誘惑や重圧を振り切って、夫とは共に過ごさないからこその長い夜を、賭けごとも散財もせずに耐えることができる人間って、もしかしたら少ないのではないでしょうか？　本書を読むと、マリー・アントワネットはもはや、読書とか自分の良心だけでは、乗り越えられるような段階ではない過酷な環境にいることや、その苦悩が痛いほどわかり、かなりやりきれないものがありました。しかしながら、けっして彼女を擁護する描き方はしていないツヴァイクの文章。だからこそ、私はより感情を刺激されました。

また、ルイ16世の「変人感」が詳細に描かれるのも本書の特徴ですが、性に奔放すぎる前王にして祖父であるルイ15世の影響下、幼い時から性的なものがはびこりすぎた宮廷で育ったがゆえに、ルイ16世は逆にそれを避けようとする傾向になったのかなと、私には推察されました。ルイ16世の苦悩のすさまじさも、本書からは存分に伝わってきます。

ゆえにマリー・アントワネットが念願の第一子を出産した場面や、つかみづらい性格ながらも、マリー・アントワネットの意向になんとか応えようと愛人をもたなかったルイ16世の愛には、私はちょっと感動しました。また、本書では、王妃でなくなった後もどこか気品が漂っていたマリー・アントワネットの様子が描かれていますが、美人でファッションセンスがすぐれたマリー・アントワネットは、現代ならそのカリスマ性で、自身で地位を築けたかもしれません。

しかし、生まれた家柄だけで王妃になった彼女は、王妃としての責任からも免れることはできませんでした。もし、途中からでも、若き日の苦労をかてに、自身の役割に邁進していたとしたら、彼女の人生も変わっていたのでしょうか？

ちなみに、フランス王妃のマリー・アントワネットはオーストリア人、本書の作者ツヴァイクもオーストリア出身です。ゆえに、私はここフランスにおいては、1冊目はアメリカ人、2冊目はドイツ人作家のものを選び、結果的に3冊とも純粋なフランス文学を選んでおらず、やはり文学音痴なのかもしれません。しかし、フランス文学を探して気づいたのはフランスは日本だけでなく世界中にファンが多くいるということです。マリー・アントワネットの生涯をたどる原書は１９３２年の本書は、間違いなく名作です。

カナダ

カナダ旅行記（２０１３年）

カナダには、「メープル街道」の紅葉を見に行きました。秋にはいっせいに紅葉する北はケベック州のケベック・シティから南はオンタリオ州のナイアガラまでの全長８００キロに及ぶメープル（カエデ）の木が群生するこのルートを、日本では「メープル街道」と呼んでいるそうですが、２０１３年の秋、私はそこを目指しました。

というのも、広島に住んでいた20代の頃は毎秋、休みの日にはドライブがてら、中国地方のあちこちに、友達と紅葉を見に行くのが楽しみでした。が、30歳を過ぎると、既婚の友達が増え始め、一緒に行ってくれる友達が激減。だったらこの際外国に行こうと、ついにカナダに旅立ったのです。

とはいいながらも、実はカナダでの私の一番のお目当ては、メープルシロップでした。現地では、メープルシロップのほか、紅茶やチョコレート、クッキーなど様々なメープルシロップを使ったお土産を買いこむほど、肝心の紅葉よりも、メープルシロップに熱中していました。

それにしても、メープルシロップを追い求めたカナダ旅行には、10月という紅葉のタイミングに合わせて行ったにもかかわらず、日本の行楽シーズンのような混雑がなかったのも、うれしかったです。のびのびとした雰囲気のなかで、紅葉をゆっくり味わえたのが思い出深く、日本とは段違いの広さの山々に拡がる日本のもみじよりも葉っぱのサイズが大きい、メープルの紅葉は、とてもダイナミックでした（とはいえ、日本の紅葉より、カナダのほうが断然いいという意味ではありません）。

そのメープル街道ですが、私達は北米のパリともいわれるカナダの大都市、モントリオールから車で1～2時間くらいの場所にある、冬はスキー場にもなるローレンシャン高原に見に行きました。そして、そのモントリオールを後にした私達が、次に向かったのが、カナダ最大の都市トロントから、車で約2時間くらいの場所にある世界三大瀑布のひとつ「ナイアガラの滝」です。

そこナイアガラの滝では、虹が滝にかかるそのロマンチックな光景を私は最も楽しみにしていたのですが、滝での美しさは、虹だけではありませんでした！　というのも、まず、ナイアガラの滝の周辺の公園にはたくさんの花が咲いており、散歩するのには十分気持ちがいいのです。

カナダ

昼間の場合、赤や黄色の花、芝生の緑、滝の青が、それぞれはっきりしていて、鮮やかでとても綺麗です。また、空の色が太陽の光が明るい午後から、だんだん日が沈んでいきオレンジ色に染まっていくと、次は少しずつ紫色に変化、最後は紺色から完全に夜になっていきますが、その刻々と変化していく様子は、信じられないくらい美しかったです。滝の水しぶきがあるおかげで、景色もよりみずみずしく、一層美しく見えたためか、かなり幻想的でした。

今回も、ネットの掲示板で知り合った方と行きましたが、話好きのその友達の話を聞きながら、私はぐるぐるぐるぐるとずっと歩き回っていました。その散歩のおかげで、空の色の変化による景色の美しさを心ゆくまで味わうことができました。

また、散歩をする前は、滝の中を歩いたり、滝の中を船で行くアトラクションも体験したほか、夜には滝のライトアップと花火のショー、ホテルの部屋からも滝の景色を楽しみ、翌日は、徒歩で国境を越えて、アメリカ側

からナイアガラの滝を見たり、その周辺を散策しました。その午後からは、19世紀英国の面影が残る1996年にカナダで最も美しい街に指定されたナイアガラオンザレイクという、たくさんの花が咲き誇る、まさに滝の上の楽園のような美しい場所にも行きましたが、そこのワイナリーでは、初めて「アイスワイン」を飲みました。ブドウ本来の糖分が凝縮された甘いデザートワインのその味を知ると、私のこれまでのワインの概念がすっかり変わりました。

ちなみに、ここでは紹介していないので微妙なところですが、ちょうど私達が「メープル街道」にいた時、カナダのアリス・マンローのノーベル文学賞受賞が発表されました。

『侍女の物語』（マーガレット・アトウッド著、斎藤英治訳、早川書房）

『誓願』（マーガレット・アトウッド著、鴻巣友季子訳、早川書房）

舞台は、キリスト教原理主義独裁国家、ギレアデ共和国。その侍女であるオブフレッドは、子どもを産む侍女として、司令官の家に派遣さ

カナダ

れる。なぜなら、ギレアデ共和国という未来の国では、環境汚染などの影響で女性の出産率が減少し、子どもを産める女性は、貴重な道具として扱われることになったからである。厳しい管理社会の下、オブフレッドは、どう生きていくのか？　究極のディストピア小説。

『侍女の物語』の刊行は１９８５年と少し遡りますが、２０１７年にはドラマが配信され、世界的にも話題になりました。また、２０１９年には35年の時を経て、何と、続編の『誓願』が発売されました。私が『侍女の物語』を読んだのも、たまたま２０１９年でしたが、続編のことがわかったのは、読了後すぐでした！『侍女の物語』をこれまで読んでいなかったことを少々恥ずかしくも思っていた私ですが、このタイミングで読むことができたのは、まさに運命の出会いにしか思えませんでした。

そこで、続編をすぐに読みたかった私は原書で読もうとも意気込んでいましたが、もたもたしている間に２０２０年には邦訳本も発売されました。そこで今回は続編の『誓願』も合わせて紹介しています。

まず、『侍女の物語』のほうですが、その設定が衝撃的です。無意識にですが、刊行年が頭にあった私は、ずいぶん前の本だという認識で読んでいました。しかし、読み進めるとこの小説には、まさに今の現実がそのまま描かれているようなリアリティーを感じ、私には預言の書にしか思えませんでした。

というのも、今の日本の少子化の原因は、環境汚染が直接的な原因というより、晩婚化やライフスタイルの変化などが大きな理由でもあり、そこは小説とは違います。しかしながら、不妊治療で生まれるケースも増え、人工的な妊娠はすでに当たり前になってもいるのです。また、この小説での女性の国家からの管理のされ方は、奴隷的で、若くて、妊娠・出産の実績がある女性は、まさに子を産む機械扱いであるゆえ、それを過去の話のように読むことも可能なのかもしれません。

しかし、残念ながら現代の日本の女性の置かれた環境は、たとえば、日本のジェンダー・ギャップ指数ランキングは、G7のなかでも圧倒的に最下位で、数値的には世界のなかでも最低レベルです（2022年は、116位／146）。マタハラや、保育園不足、男性の長時間労働で、結果的に女性が家に閉じ込められている日本の状況は、本書のような強制的に、国家の上層部の既婚男性の元に派遣され、妊娠の義務を負わされるほど過酷に支配されているわけではありませんが、現実的には似ている面があります。フィクショ

カナダ

ンとはいえ、少子化という大きい社会問題があるからこそ、日本も、このまま社会が変わらなければ、こうなってもおかしくないというリアリティーと恐怖を感じました。

　そして、本書のなかで、もうひとつゾクッとした点、それは、司令官が侍女に対して「恋愛している感」を出そうとする態度でした。自分は、侍女を機械的に扱う男ではない、紳士的な男なんだよという感じ、あなたはラッキーなんだよという上からの感じは、主人公の侍女、オブフレッド自身も感じているところですが、本当に気持ち悪いです。

　しかも、司令官は既婚ゆえ、侍女が避けられないのが、司令官の妻との対立です。しかし、もちろん、男はそんなことお構いなしです。むしろ、侍女を人間的に扱っている自分はまだましといった感じで、何というか、男性のその偽善的な考え方の的外れ感には、私は頑なな不倫＝悪論者ではないですが、現代でも多く生存する身勝手な不倫男との共通点を感じました。未来の話とされているだけに、未来でも男性の変わらなさ感がきっちり表現されているようで、非常に生々しくも感じました。

　さらには、そもそも侍女のオブフレッドという名前は、いかにも外国人的な名前で、最初は私も違和感がありませんでした。が、実はこれ、オブは英語のofであり、オブフレッドは女性の名前ですらなく、フレッドのものという意味でした。こんなにも英語のof

を怖いと思うことがあるなんて！　まさに女性は男性の所有物。日本はいまだに夫婦別姓が選択できないという現実……。そんなオブフレッドに、そして、ギレアデ共和国に希望はないのでしょうか。その結末がわかるのが、続編の『誓願』です。

もっとも、ドラマにしろ映画にしろ、続編がつまらないということも、しばしばゆえ、今回もそのパターンだったら嫌だなとの心配から、私は原書を読むのを躊躇していた面もありました。しかし、『誓願』は、やっぱり読んでよかったです。

ところが、実は『誓願』は、オブフレッドが主人公の物語ではなく、今回はギレアデ共和国の支配側である女性、司令官の家で育った女性、カナダで育った女性３人の視点から、ギレアデ共和国のことが語られていました。そのため、読み始めた当初は、つい前作のオブフレッドが、無事逃亡できたのかばかりを気にしすぎてしまい、続編の内容に集中できていない面も正直ありました。

しかし、前回とは様相が変わっているギレアデ共和国の内情など、やはりすぐにひきこまれました。はたして、オブフレッドは結局どういう人生をたどったのでしょうか。また、ギレアデ共和国はどうなるのでしょうか？　あまり書かないほうがいいと思いますので、これで終わりにしますが、実に心にしみる結末でした。

カナダ

『赤毛のアン』

（ルーシー・モード・モンゴメリ著、村岡花子訳、新潮社）

男の子を期待していたにもかかわらず、孤児だったアンを引き取ることにしたマシュウとマリラ兄妹。孤児としてつらい幼少期を過ごすも、本来は、おしゃべり好きで、明るい赤毛のアンは、自然豊かなプリンスエドワード島で、どのように成長していくのか。親友のダイアナや、犬猿の仲のギルバートとの出会い。アン、そして、家族と友人の物語。

『赤毛のアン』も、言わずと知れた傑作です。そのため、2冊続けて、ちょっと古めの名作をお勧めすることは、私にとっても、本意ではありません。たとえば、新しいものでいうと、メキシコ生まれのカナダ人作家、シルヴィア・モレノ＝ガルシアさんの『メキシカン・ゴシック』（早川書房）も私のお気に入りですが、『赤毛のアン』は、私が小さい時から大好きな、特別な作品でもあるため、やはり、候補から外すことはできませんでした。というのも、改めて考えてみても、『赤毛のアン』は、惹かれる要素がたくさんつまっている作品なのです。まず、日本人にはなじみの薄い赤毛、パフスリーブの服、プリンスエドワード島のアボンリー、またはグリンゲーブルズといった、なんだかかっこいい響きのいかにも外国という場所。そこで出会う親友のダイアナのやさしさ、そして、好きな子にはついちょっかいを出してしまうという典型的な性格のギルバートなどは、小学生の私にとって、まさに憧れの世界観でした。

そのため、アニメも映画も、頻繁に見ていましたが、何より私が強く惹かれたのは、アンの明るさと、自力で生きようとする力強さ、または、男性にも負けまいとするそのたくましさでした。自分にないものだからこそ、強く憧れました。

とはいえ、小学生にとって小さい字がびっしりつまった文庫本はまだまだハードルが高く、小説としてはちゃんと読んだことがありませんでした。今回初めて読むことにしたものの、ストーリーはすでによく知っているため、改めて何かを感じることってあるかなーとあまり期待もしていませんでした。しかし、読んでみて正解でした。何といっても、あの怒濤のアンのおしゃべりは、本で読んだほうが、迫力がありました。しかも、話の展開はわかっているものの、やっぱりアンの成長ぶりには大いに感動しました。毎回思うことではありますが、人間の飽きない感覚は何だか不思議です。

カナダ

『ルイ・リエル　カナダ白人社会に挑んだ先住民の物語』

（チェスター・ブラウン著、細川道久訳、彩流社）

1800年代後半のカナダ、レッドリバー入植地。インディアンと白人の混血であり、多数がフランス語を話す「メイティ」と呼ばれるひとたちは、いかにしてカナダ政府に対抗したのか？　臨時政府を樹立し、アメリカ合衆国に逃亡したメイティのリエルと、益々土地を侵食され、リエルをリーダーとして反乱を起こしたメイティたち。しかし、結局はカナダ兵に鎮圧され、裁判にかけられたリエルの生涯とはいかに？

カナダの先住民といえば、極北に住むイヌイットのことを私はすぐにイメージしてしまい、真っ先にカナダのインディアンを思い浮かべることはありませんでした。また、白人とインディアンの混血「メイティ」と呼ばれる人たちのことは、本書で初めて知りました。ただ、カナダ政府の狡猾なやり口などが描かれる本書の読後感は、正直悪いです。土地を与えると約束するも裏切り、強引にカナダ政府に編入しようとするだけでなく、イギリス系、フランス系の対立、または、カナダ側の進出を狙うアメリカ合衆国側を警戒したりといった白人同士のことばかりが優先され、実際に住んでいる先住民たちの意志は、完全に無視。しかも、最終的にはカナダ横断鉄道の利権も絡み、メイティたちに反乱を起こさせるように仕向けるのは、カナダ紙幣にも印刷されているサー・ジョン・A・マクドナルド首相といった政治家でした。また、マクドナルド首相は76歳、反乱時にカナダ兵を急派する役割を果たしたことで、カナダ政府から多額の財政援助を受け、鉄道完成後は世界的大富豪となったカナダ太平洋鉄道の社長ジョージ・スティーブンは92歳で死去したそうですが、リエルたちの生涯とは対照的な長寿ぶりが描かれるエピローグからは著者の想いを感じずにはいられませんでした。

そこで、もう一冊カナダの大自然を題材にした、大学生の親友同士がカナダ北東部をカヌー旅行する、ピーター・ヘラー『燃える川』(早川書房)を紹介します。頭上に輝くオーロラなど大自然のすばらしさと同時に、川も余裕で飛び越える大規模な火事など、時には自然が脅威になる様子や、その自然災害を生き延びた人間同士が醜く争い、善良さだけでは生存できない過酷さなどもシンプルに描かれている本書もお勧めです。

オーストラリア旅行記（2001年・2011年）

日本とはスケールの違うオーストラリアの大自然は、アウトドアやマリンスポーツが好きな人にとっては、特に魅力的なはずです。あいにく、私は運動神経やバーベキューを友人同士で楽しめるようなスキルも気遣いも持ち合わせていないインドア派のため、オーストラリアでそれらを楽しむ人々の姿を見ては、いつも肩身の狭い思いをしていました。しかし、今振り返ってみると、オーストラリアでは私のような人間でも、存分にアウトドア気分を味わうことができていました。

なかでも、大学時代に参加したファームステイの経験は秀逸です。大学2年生の春休みにオーストラリアのブリスベンで約1ヶ月ホームステイしましたが、その滞在時に毎日通っていた語学学校では、毎週末、様々な有料の課外プログラムが行われていました。そのひとつが、乗馬や乳搾りといった農場体験や野外でのバーベキューのほか、ブーメランなどを楽しむ希望者のみが参加する1泊2日のファームステイでした。

しかしながら、語学学校にいた多くの日本人は、オーストラリアと聞いてイメージするビーチやコアラにしか興味がないようで、意外にも、参加したのは私と、私を見かねてついてくれたその語学学校で知り合った日本人の友達ひとりだけでした。

なので、最初はもしかして来たのは間違ったかな？　つまんないのかな？　と不安になったりもしましたが、やはりこの時のファームステイ体験は、私も楽しんだコアラやカンガルーとのふれあい&海遊びより、私には圧倒的にすばらしいものでした。

というのも、まさか、乗馬経験なしの私が本当に一日中、自分で馬に乗って山にピクニックに出かけることができたなんて！　今思い出しても信じられないくらいなのです。日本国内でよくある、係の人に手綱を引かれて、そのへんをただ一周するだけの乗馬体験とは違い、馬もかなり立派な馬であり、まったくスケールが違っていました。

しかも、馬上という普段とは違った高さから見る景色は、前方だけではなく、時々振り返って見る後ろの風景も美しく、当時はまだ、スマホもデジカメもない時代だったので、乗馬中、その景色を目と心にしっかり焼きつけようと本当にがんばりました。

夜はファームステイで一緒になったアメリカ人グループや農場の人たちとバーベキューをしましたが、アメリカ人グループは農場のオーストラリア人と英語での会話が弾んでいました。よって、もちろんそれらにはまったくついていけない私と友達は、若干気後れし

オーストラリア

ていましたが、星空の下でのバーベキューは、とても気持ちよかったです。

ゆえに、ファームステイだけは、語学学校でクラブやバーに行ったことを自慢する語学学校にいたほかの日本人たちに負けず、ファームには行かないという周囲の空気を読まなくて本当によかったと心から思った経験になっています。

また、オーストラリアは、じつは英語圏のなかで一番日本語教育が進んだ国でもあるようです。そのため、海外で働くという経験をしてみたかった私は、31歳の時に、ワーキングホリデーで約3ヶ月間シドニー郊外の町に滞在しました。いい思い出が残るオーストラリアゆえ、2回目のオーストラリアへの滞在も、私はあまり心配していなかったのです。

ところが、まずはシドニーで、ほかの日本人女子5人と一緒に受けた日本語教師アシスタントのための講習は、なかなかの地獄でした。なぜなら、女子グループで私がしばしば感じることなのですが、一対一で話している時はいい子なのに、なぜかグループ行動になると、自分に対してどこかよそよそしくされることがあるのです。集団行動が苦手な私は、なぜ外国まで来て学生時代の苦しみを再び味わうのかとかなりつらかったです。

しかも、実際に現地の高校の寮に住みながら、日本語教師アシスタントをし始めたところ、事前に聞いていたより、日本語の授業が少なかったり、現地の日本語の先生との仲が微妙だったりしたほか、なんといっても、まさかオーストラリアの英語の発音がここまでわかりにくいとは。これには、本当に英語が嫌いになりそうでした。

とはいえ、つらいことが山積みだったいっぽう、もちろん楽しかったこともたくさんあります。たとえば、滞在していた学校が、幼稚園から高校まであったので、そのすべての学年での日本語の授業を経験することができたのは非常に有意義でした。子どもたちと遊んだり、高校生とは日本語会話の練習をしたり、あるいは、毎日の日本語の先生との会話や日々の暮らしのなかで、英語の感覚を多少はつかむこともできたりと、もうちょっとがんばれたんじゃないかと、自分を責めて落ち込むいっぽう、充実した時間を過ごせたことも確かでした。

寮の毎日の食事もとても思い出深いです。特に、広大なオーストラリアの大地で育てられたサイズが大きく、新鮮な野菜をチーズと一緒にはさんで食べる毎日のサンドイッチは、マヨネーズ味が多い日本のものとは違い、味付けしなくてもおいしくて、帰国してからもよくマネしてやっていました。そのほか、メレンゲでできたケーキにフルーツがのったオーストラリアの伝統菓子「パブロバ」は、大好きです。

ちなみに、日本語教師アシスタントをしていた学校があるシドニー郊外にあるバウロウ

オーストラリア

という街は、まさしく外国の小さな田舎街という感じの魅力的な所だった上、せっかくの2度目のオーストラリアということもあり、私はそのほかにも、西はパース、南はメルボルン、そして、オーストラリアの中央に位置する地球のへそと呼ばれるエアーズロックなどにも行き、オーストラリアの周遊旅行を満喫しました。

たとえば、シドニーの反対の西側にあるパースではワイルドフラワーや気候の違いを楽しんだり、巨大な波の形をした奇岩であるウェーブロックを見に行きました。メルボルンでは、ヨーロッパ風のお洒落な街並みを楽しんだり、さらに南のフィリップ島まで足をのばし、野生ペンギンを見に行きました。

また、エアーズロックでは、朝陽をみるのも、夕陽をみるのもひとりというのはさすがに寂しかったものの、幸運にも、エアーズロックの上まで登ることができた上、その周辺にあった断崖絶壁の荒涼とした砂岩が広がる場所、キングスキャニオンのトレッキングにも行くことができ、まさに、世界の中心で何かを叫びたい気分でした。

『穴の町』

（ショーン・プレスコット著、北田絵里子訳、早川書房）

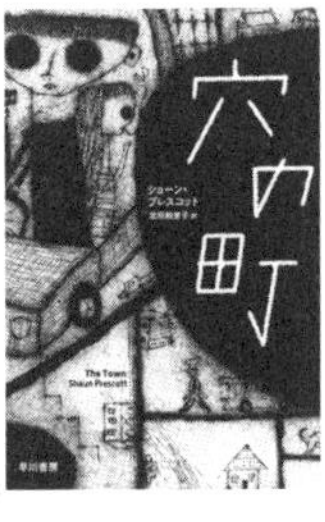

「ニューサウスウェールズ中西部の消えゆく町々」を執筆するため現地での取材を始めたぼく。しかしなぜか、町の歴史に関する資料はなく、隣町に行く方法は存在しない。そんななか、現地で知り合ったのは送り主がわからないテープを誰も聴いていないラジオで流し続ける友人の彼女、乗客がいないバスを運転し続ける運転士など自分の町にもほかの世界にも興味がない不思議な人たちばかり。そして町には穴が開き始め、町ごとのみこまれそうになるのだが……。

本書は、オーストラリア人のものをピンポイントで探して読んだという、ある意味不純な動機で読んだ小説でした。しかし、本書の場合は、オーストラリアをイメージして読むのが、すっぽりハマったからこそ、おもしろいと思えた小説でした。

というのも、「平和ぼけの日本」とは、以前からいわれているように、日本が世界で一番安全な国だとの考えは、日本人にはまだ根強く残っています。その上、国内では若者の

オーストラリア

海外離れが懸念されていますが、日本人は、どこか他人や他地域に対して、関心が低い傾向があるように思います。

　たとえば、日本では報道される海外のニュースが少なかったり、偏っていたり。外国人への対応もまだまだ不慣れな部分も多いです。そんな日本人の平和ぼけと他者への無関心ですが、そこと似通った傾向があるのが、日本と同様に、周囲を海に囲まれている治安のいいオーストラリアではないでしょうか。

　もちろん、多民族国家で自然豊かな国土も広いオーストラリアは、外国人への接し方や性格など、日本とは異なっている点が多いのも事実です。実際、私もオーストラリアのことは、治安もよくて、自然もいっぱいでうらやましいという感じで、日本との共通点はあまり考えていませんでした。しかし、むしろ、日本とオーストラリアは非常に似ていることに気づかせてくれたのが、この小説だったのです。

　つまり、本書を読むと、オーストラリアに住んでいた時に私がうっすら感じていたオーストラリアのマイナス面は、こういった平和ぼけ、かつ、保守的ということだったんだなと、ようやく認識できたほか、実はこれって日本人と似ているんだなという気づきが新鮮でもあり、むしろ妙に納得しました。

なぜなら、本書では、謎の大穴が町に出現するのですが、町の多くの人は、見て見ぬふりをしてしまいます。穴の存在は、本当はすごく危険でこの先どうなるかわからない大変なことなのに、町の多くの人は、穴の存在をないことにして、同じような毎日を送り、やり過ごそうとするのです。

しかし、もちろん、穴はなくなりません！　平和はいいことではありますが、やはり、気をつけていないと、取り返しのつかない事態になることが、本ストーリーからは存分に伝わってきました。たとえば、平和が当たり前になっているからこそ起こる思考の停止状態、そこから生じる面倒にはかかわろうとしない他者への無関心、または、平和ゆえの退屈さをも我慢し、停滞する日常を守ろうとする保守的な考えや、外の世界への興味をなくすがゆえに増していく外部への恐怖感など。負の面も、重なっていってるからこそ、大穴という危機に対応できなくなったのです。

ファンタジー風に描かれてはいますが、だからこそ逆に、穴ができて、平凡な毎日が突然終わる恐怖ではなく、何もしないことこそが悪であることをじわじわと感じさせられる本ストーリー。単なる奇想では終わらない本書のリアリティーは、特に日本人は、共感できる内容ではないでしょうか。

オーストラリア

『隣のアボリジニ　小さな町に暮らす先住民』

（上橋菜穂子著、筑摩書房）

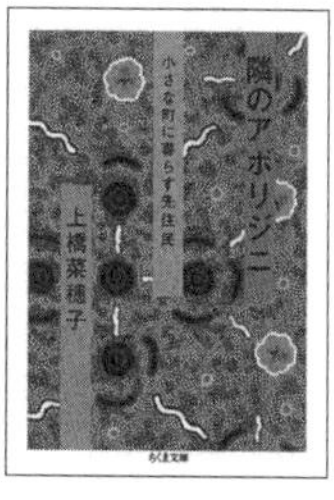

大学院時代から、西オーストラリアでアボリジニの調査をしてきた著者。英語で〈原住民〉を意味する「アボリジニ」とひとくくりにされているものの、実際には400以上（方言を含めると600以上）もの、それぞれがまったく通じない言葉を話す集団に分かれている彼ら。著者が出会い、ゆっくり仲良くなっていった西オーストラリアの白人の支配する社会で生きてきた「伝統集団」（部族という用語の使用を避けた著者の造語）の彼ら。その姿とは？

本書の著者は『精霊の守り人』や2015年の本屋大賞受賞作『鹿の王』の作家、上橋菜穂子さんです。著者のことはファンタジー小説家としてしか私は存じあげなかったのですが、著者が行った調査研究をまとめた本書、とてもわかりやすかったです。

とはいえ本書は、私がイメージしていたような自然とともに生きるアボリジニの文化や芸術の解説本ではありませんでした。むしろ、白人に土地を奪われ、無給の労働者として酷使されたり、親から強制隔離された子どもたち、または、自分たちの文化が破壊される同化政策といった過酷な過去を持っているほか、現在では失業、酒、ドラッグ、暴力に苦しんでいる人も多い都市アボリジニの問題に触れられているのが特徴です。

というのも、そもそも、オーストラリア中央部の乾燥地帯や、北部の熱帯地方などで生活するアボリジニが現在でも自分たちの言語や文化を比較的守って暮らしているのは、農業や牧畜に向かない土地ゆえ、白人と接触するのが遅かったからなのだそうです。

そこで、本書で著者が伝えてくれているのは、まさにアボリジニと白人がどのように暮らしているのかというその現実なのですが、ソフトに描かれているようで、その内容はかなり考えさせられるものでした。現地の学校での滞在やホームステイを通して、アボリジニや白人など、様々な人から話を聞く著者ですが、ふとした会話から漏れるお互いの偏見に基づく発言にはたびたびはっとさせられます。たとえば、社会保障で生活するアボリジニに対する不満、一方、今では固有の言語も忘れ、現代的な生活を送っているアボリジニの側からすれば、現在では伝統を守って暮らすことはできない不満や過去の遺恨もあり、それがアイデンティティの形成にも影響しています。アボリジニや白豪主義から多文化主義に転換したオーストラリアのことも知ることができる実に貴重な一冊です。

ニュージーランド

ニュージーランド旅行記（2011年）

ニュージーランドにはオーストラリアでのワーキングホリデー滞在中に、フラっと行ってきました。現地のオーストラリア人に「オーストラリアを観光するよりニュージーランドのほうが近いし、3時間で行けるよ」と言われたことをきっかけに、そんなに近いんだ！　と急に気になり始め、せっかくなので、ササッと行ってみることにしました。

ニュージーランドには、大きく分けて北島と南島のふたつの島がありますが、どちらに行くかを悩んだ結果、首都であり政治の中心であるウェリントンや、マオリの文化が残るロトルアがある北島ではなく、日本の東日本大震災よりほんの少し前に大きな地震の被害を受けた、南島の最大都市であるクライストチャーチに行き、そこから南下することにしました。クライストチャーチを起点に、テカポ湖、マウントクック、クイーンズタウン、そして、フィヨルドタウンとミルフォードサウンドなどといった自然を中心に回るプランです。本当は北島に行ってもよかったのですが、その時期、オークランドなどでは、ちょうどラグビーのワールドカップ大会が行われていました。そのため、混雑しているかなと予想して、遠慮した面もあったのです。

しかしながら、２０１９年には、日本で開催されたラグビー・ワールドカップがかなり盛り上がりをみせました。日本でのラグビーブームに先駆けて、ラグビー・ワールドカップの試合は見なくても、その熱気を味わっておけばよかったかもしれません。

それにしても、私が行った時期、南半球であるニュージーランドはちょうど冬だったため、大自然が醍醐味であるニュージーランド観光としてはちょうどオフシーズンで、定番の星空観賞や蛍観賞などができませんでした。その上、クライストチャーチは、震災の影響もあってか観光客もあまりおらず、不安さえ感じました。

ですが、たとえば、今まで見たことのないような青い色が美しいテカポ湖や、今なおマオリ族の聖地であり神聖な山であるマウントクック周辺の散策、そして、前の日に雨が降り続いたために偶然できたフィヨルドにかかる虹など、静寂のなかでの自然とのふれあいはぜいたくな体験でした。

ただ、映画『ロード・オブ・ザ・リング』のロケ地にもなったミルフォードサウンドに行くことができなかったのは残念でした。前日に降り続いたのが結構な大雨だったために、その影響で途中の道が通行止めになったのです。

ところが、いいこともありました。その日の午後からは雨もあがったので、クイーンズタウンの街を散策していると、たまたま同じツアーに参加をする予定だったマレーシアとシンガポールから旅行に来ていた女の子ふたりと知り合いになることができました。彼女たちと一緒に散歩したり、マックでニュージーランド味のビーツ入りハンバーガーを食べたりした時間は、彼女たちとのおしゃべりが非常に楽しくて、ツアーに行くより充実していました。

また、その日の夜、ドミトリーの部屋で一緒だったイギリス人女性は、オーストラリアや、フィジー、ニュージーランドを旅行していることを話してくれました。彼女はおもに英語圏を旅しているのに対し、日本人の私は言葉の通じない所を旅しているので、何かちょっとすごいみたいな雰囲気になったのですが、英語ができずつらい時期だっただけに、その視点もありか、と自分に少し自信をもつこともできました。

『オールド・アンの囁き』

（ナイオ・マーシュ著、金井美子訳、論創社）

舞台は、イギリスで最も古い村のひとつ、スウェヴニングズ。ラックランダー卿、カータレット大佐、サイス中佐（独身）、ダンベリー・フィン（やもめ）、という4つの名門一族が住むこの村で、ある日起こった殺人事件。手掛かりは、カータレット大佐の死体と一緒に発見された巨大魚のオールド・アン。犯人は一体？　ロンドン警視庁犯罪捜査課のロデリック・アレン主任警部を主人公とするシリーズの中の一作品。

本書の著者であるニュージーランド出身のナイオ・マーシュ（１８９５―１９８２）は、アガサ・クリスティー、ドロシー・L・セイヤーズ、マージェリー・アリンガムとともに、イギリス四大女性作家のひとりだそうですが、もちろん私はアガサ・クリスティー以外は存じあげず……。

それにしても、ニュージーランド人の邦訳小説は見つけるのが一番大変でした。元々の

ニュージーランド

数が少なく、私が気になった２０１３年に最年少でブッカー賞受賞、ニュージーランド人エレノア・カットンによるその受賞作『ルミナリーズ』は未邦訳（２０２２年11月岩波書店より邦訳刊行されました）。よって、見つけては読むを繰り返すこと10回以上。ついに最後の候補になったのが本書でしたが、妥協して選ばずにすんで安心しています。

というのも、まず、絵画のような美しい村、そこにそびえる館、エリザベス朝の庭、ジョージ王朝風の家といった描写からは、古き良きイギリスの世界観に浸れるようでもあり、そこは本書の大きな魅力のひとつです。また、まじめで志の高い、村でも評判の人物であったカータレット大佐が殺されたのは、村の名士ラックランダー卿に回顧録を依頼されたことが犯行の動機であることが明白というシンプルな設定であるからこそ、登場人物の供述を冷静に読むことができました。大がかりな謎解きはないものの、本書からは古典的で上品なミステリーの良さに改めて気づかされます。

そして、本書のなかで私が一番印象に残ったのは、各家に出入りする看護婦のケトルとカータレット大佐の後妻キティとのクライマックスでの対決です。まさか、善良なケトルが上流階級の人徳を疑わず、ただ現状を受け入れているだけの女性だったとは。

それゆえ、上流階級の醜い内情を知っているキティとのふたりのやりとりは、非常に迫力がありました。また、重すぎない著者の風刺も、じつに利いていました。

ちなみに、この小説では、現在の看護師ではなく、あえてその当時に合わせる意図で、看護婦と翻訳したそうです。

『ALL BLACKS 勝者の系譜』

（ピーター・ビルズ著、西川知佐訳、東洋館出版社）

ラグビーのニュージーランド代表「オールブラックス」は、なぜそんなに強いのか。その秘密を様々な観点から解説。ニュージーランドにおけるラグビーの始まり、現在のラグビー教育、ニュージーランド人のラグビー愛、またニュージーランドのラグビー界を支えるポリネシア系選手についてや、ラグビー人口の減少、さらにラグビー強国の衰退といった現在のラグビー界の問題点など。ラグビー全体のことが深く理解できる一冊。

ニュージーランド

２０１９年には、ラグビー・ワールドカップが日本で開催され、日本代表チームもかなりの活躍をみせ、世間はラグビーの話題でもちきりになりました。そこで、本書を手にとってみた私ですが、意外にも最初から結構ハマりました。本書は５００ページもある分厚い本ゆえ、ラグビーどころかスポーツ全般に興味がない私は、正直、あまり期待していなかったものの、本書の内容は、その頃に読んだ数冊の小説よりおもしろかったのです。

まず、冒頭は、ニュージーランドにおけるラグビーの歴史から始まっているのですが、イングランドやアイルランドで極貧生活をしていた人たちが、新しい生活を求めて渡ったニュージーランドが、なぜラグビー界に君臨するまでになれたのでしょうか。その物語に、私はとても引きつけられました。

そして、私が一番知りたかったのは、日本にもラグビー留学している学生が多いフィジー、サモア、トンガといった周辺の太平洋諸国の選手のことです。本書でも、北半球の特にフランスやイングランドといったヨーロッパの国々は、高額な報酬で世界から優秀な選手を集めていることが触れられていますが、それら優秀な選手の出身地であるポリネシアの国やほかの国々がラグビー強国に成長せず、ニュージーランドだけが強くなれたのはなぜでしょうか。その秘訣であるニュージーランドでのラグビー選手への教育システムについてなどは、私にとっても非常に興味深かったです。

とはいえ、危険なスポーツであるラグビーは、暴力的な反則行為が繰り返されてきた歴史もありますし、それゆえに、現在では体格が大きい相手を前にする恐怖感から子どもにやらせたくないスポーツになっているそうで、ラグビー愛にあふれたニュージーランドでさえも、ラグビー人口は減少しており、今ではサッカーのほうが人気があるようです。

よって、サッカーにくらべると報酬も少なく、選生生命も短いラグビーでは、家族を支えているポリネシア系の選手にとって、その引退後の生活は思ったより大変なのだそうです。だからこそ、ニュージーランドではそれをサポートするプログラムもかなり進んでいるようですが、そのほかにも、ラグビーに関するさまざまなことがわかりやすく解説されている本書は、読み通すと、まさにラグビー博士になったような、ラグビーのことを誰かに話したくなるような、実に中身の充実した一冊になっていました。

そして、最後にもうひとつ、本の内容とは離れますが、私が気になったのは、ラグビーという男性的なイメージが強いスポーツが人気のあるこのニュージーランドでは女性の社会進出が進んでいるという点です。

最近では新型コロナウイルス感染流行の際、世界で一番早く渡航禁止措置をとり、パン

ニュージーランド

デミックを押さえ込んだことでも有名なニュージーランドですが、その当時の首相というのが、37歳で就任し、世界で初めて首相在任中に産休をとったジャシンダ・アーダーンという私と同じ1980年生まれの女性です（2023年1月に首相退任）。

また、ニュージーランドでは女性の選挙権の獲得も世界的にも早い上、2022年のジェンダー・ギャップ指数は世界第4位であり、家事や子育てをする夫、ニュージーランドの「キウイハズバンド」も有名です。

そこで、2021年に、集英社から刊行された『ニュージーランド アーダーン首相世界を動かす共感力』（マデリン・チャップマン、集英社インターナショナル）も読んでみましたが、ニュージーランドでも慎み深さが美徳とされる文化もあり、アーダーン元首相自体も、若さや女性であるがゆえの困難も少なくなかったことがわかりました。

そのほか、本書でも触れられている2019年にクライストチャーチで起きたモスク銃乱射事件の時のアーダーン元首相の力強いスピーチには、私は心打たれました。今後は、アーダーン元首相の自著や、ニュージーランドの小説など、より多くの邦訳作品を期待したいです。

ニューカレドニア旅行記（2013年）

ニューカレドニア在住のフランス人パートナーとふたりの子どもがいる高校時代の私の友人の家では、ふたりの高校時代の友人家族とも合流。私だけ独身での参加ではありましたが、友人の旦那さんたちもみなやさしく、子どもたちもかわいかったので、引け目を感じることもありませんでした。また、その合流した初日に、私達は市場で新鮮なシーフードを買いました。ですが、みなあまり料理には詳しくなく、「エビって背わたをとるんじゃなかったっけ？　どうやって取るんだっけ？」といった感じで、エビフライを作るのには、かなり苦心しました。いっぽう、料理の腕が一流な友人のパートナーによって、完璧なディナーも用意されていた私達。どちらの味も思い出深いです。

そして、翌日には離島のイルデパン島に行ってシュノーケリングを楽しんだり、ビーチではしゃいだり、最終日にはお洒落なガレットのレストランでディナーを食べたりしましたが、かなり久々の再会だったこともあり、ニューカレドニアでの時間は当時に戻ったようで、本当に楽しかったです。とはいえ、ニューカレドニアでの私が一番忘れられない思い出。それは、体験ダイビングで死にかけたことです。初めて潜った海の中は、図鑑で見るよりカラフルな世界が広がっていましたが、正直それどころではありませんでした。というのも、まずは、ダイビングポイントに行くまでの船酔いですでに気分は最悪。背負ってみた空気ボンベは思ったより重い上、口呼吸もうまくできず、最初に習うパニックのサインをさっそく出すはめにもなってしまったのです。たまたま船で一緒になった方々は、「大丈夫ですか？」とか、「せっかく来たのにずっと雨……。今日やっと潜れたのに、明日帰るのが残念です」などといろいろ話しかけてくれましたが、天候に恵まれても、その機会も活かせず、ひとり参加の孤独感もあり、何だかみじめでした。友人家族より１日早く着いて、１日早く帰る予定だった私は、ダイビング体験はひとりで参加していたのです。

私はいちおう泳げるので、ダイビングを新しい趣味にしてもいいかなとの希望をもっていたのですが……。今後は海中には手を出さず、地上の旅行だけ極めていこうと誓いました。

巻末付録

❶行ってないエリアのブックレビュー

❷本書で紹介した書籍のリスト

アメリカ

『米国人博士、大阪で主婦になる。』

（トレイシー・スレイター著、高月園子訳、亜紀書房）

アメリカで博士号を取得し、東アジアの企業幹部社員を対象としたMBA課程の講師として来日したトレイシーは、自身のクラスで日本人男性のタクと出会い、結婚。しかし、キャリアの継続やボストンでの暮らしを望むトレイシーは、日本を好きになれない自分、子どもを持つことにも悩みながら、義父の介護や不妊治療にも追われる。アメリカ人キャリア女性の日本での結婚生活とは？

アメリカの本でいうと、文学よりもこういったノンフィクションや読み物から、キャリア女性の生き方や考え方を参考にすることが多いのですが、仕事か結婚か、または、結婚をするかしないか、そのどちらかを選ばないといけないのだろうかという、トレイシーのストレートな思いと葛藤には、感情移入しました。本書を読む人の中には、トレイシーの日本へのネガティブさと結婚に前向きになれない率直ぶりに、戸惑う人もいるかもしれませんが、トレイシーのタクへの愛情が溢れている点も、本書の大きな魅力です。

アメリカ

『ゼアゼア』

（トミー・オレンジ著、加藤有佳織訳、五月書房新社）

オークランドで生まれ育ったドラッグの売人で、胎児性アルコール症候群のトニー。子どものころ、ネイティブ・アメリカンによる占拠の現場アルカトラズで母と一緒に生活した経験を持つオーパルとジャッキー姉妹。叔父の遺志を継ぎネイティブの物語を収集しているディーンなど。「パウラウ」という先住民の祭典で集結する現在は都市で生活する彼らだが。そこで起こる悲劇とは。

アメリカの白人警察官による黒人への暴力など人種差別の問題は日本の報道でも目にしますが、本書を読むと、現在のネイティブ・アメリカンが直面するアイデンティティーの葛藤や、置かれている環境が原因で起こるうつ、ドラッグ&アルコール中毒、10代での妊娠といった彼らが直面する問題の数々がわかり、自身の無知ぶりにも気づかされました。

※本書と、カナダの『ルイ・リエル　カナダ白人社会に挑んだ先住民の物語』で使用される「インディアン」という言葉はどちらも本文のままです。

ペルー

『悪しき愛の書』

（フェルナンド・イワサキ著、八重樫克彦＋八重樫由貴子訳、作品社）

舞台はペルー。同じ大学で知り合った女友だちには革命家を装い、留学先のスペインではギターを片手に情熱的な男になった「僕」。はたまた、大学進学を目指す高校生を教えていた大学生のころは、バレエダンサーになりたい教え子の夢を応援し、熱心なキリスト教徒の前では信心深い男にもなった「僕」。9歳の初恋から23歳まで、彼女たちのいい人で終わった「僕」の恋愛私小説。

連敗続きの失恋が仰々しく語られる、お笑いコントのようでありながら文学的な本書。こうして私は、恋した女性に好かれようとするあまり、いい人になり過ぎてまたまたふられてしまいましたというおきまりのパターンは、くせになります。どんなに女性に尽くしても報われることはない「僕」の惚れっぽさには、不屈の精神も感じますが、やさしすぎるのも、時には難点なのでしょうか!? 果たして「僕」の愛が受け入れられる日はくるのでしょうか。

メキシコ

『犬売ります』

（ファン・パブロ・ビジャロボス著、平田渡訳、水声社）

画家への夢はあったが、現在はマンションで引退生活を送る元タコス屋のテオの周りに現れる、マンションのロビーで読書会を主催するフランチェスカ、革命家で八百屋の女将ジュリエット、テオの自宅に出入りするモルモン教徒の青年、動物虐待取締局の役人や毛沢東主義者など、なんとも不思議な人々。はたして、フランチェスカに勧誘されるもテオが拒んでいる読書会や、テオの奇妙な生活はどうなるのか。メキシコ・シティーが舞台のメタ・フィクションな一冊。

「タコス」に「画家」に「革命家」という、私がイメージする型通りなメキシコがいくつも登場するも、いっぷう変わった展開とスペイン語とは違ったマヤ・アステカを感じるような？　普段は耳にしない言葉の響きが印象的な本書ですが、これと迷ったのがコロンビアが舞台のファン・ガブリエル・バスケス『物が落ちる音』（松籟社）です。１９００年代後半の麻薬戦争後の物語で、当時の壮絶さとは対照的なソフトな語り口も魅力です。

マリ

『アフリカ出身サコ学長、日本を語る』

（ウスビ・サコ著、朝日新聞出版）

日本で初めてアフリカ出身者として大学の学長になったサコ氏は、いかにして京都精華大学長になったのか。ほか、マリでの子ども時代、中国への留学、来日してからの研究生活や大学教員としての仕事、結婚＆子育てを経たからこそ考えた日本社会や教育の問題点など。サコ学長の自伝的な1冊。

サコ学長のエネルギッシュさが存分に伝わる本書を読むと、出身地であるマリへの興味はわきますが、本書からもわかる日本の現状はなかなか頭が痛いです。たとえば、大学が完全な教育の場所になっておらず、就職率と奨学金、そして、文科省とセットになったそのがんじがらめの現状の壁の大きさ、趣味にも全力が求められ、オンとオフがないどこかゆとりのない日本の社会など。にもかかわらず、引きこもりの人を社会に戻そうとする風潮。サコ学長の「社会が悪いのに、その社会に出ろとはどういうことやねん！」と関西弁の突っ込みは爽快ですが、私たちが向き合うべき問題は山積みのようです。

ナイジェリア

『半分のぼった黄色い太陽』

（チママンダ・ンゴズィ・アディーチェ著、くぼたのぞみ訳、河出書房新社）

舞台は1960年代のナイジェリア。南東部のイボ人が分離独立を宣言したことで勃発し、多くの犠牲者を出したビアフラ戦争。そこで暮らすエリート数学教師のオボニデとその妻のオランナ。オランナの双子の姉妹、カイネネと、作家志望で白人のカイネネの恋人リチャードは当時をどのように過ごし、何を思っていたのか。ナイジェリア出身作家によるビアフラ戦争を背景に進む物語。

多大な犠牲を出したアフリカの内戦という私があまり知らないテーマにもかかわらず、キャラクターの魅力やテンポの良さですぐに引き込まれた本書。読了後に本作家がストーリーテラーとして世界的評価が高いことも知りましたが、納得です。ゆえに、彼女の他の作品はもちろん、ＴＥＤ（さまざまな分野の方がアイデアや社会提案などをプレゼンする世界的に有名なカンファレンスのことで、そのプレゼン動画はインターネットで無料配信されています）での彼女のプレゼンテーションや彼女の今後の活躍など、注目しています。

アイスランド

『花の子ども』

（オイズル・アーヴァ・オウラヴスドッティル著、神崎朗子訳、早川書房）

最北の島から、母が遺した稀少な「八弁のバラ」を持って、世界中のバラが集まるバラ園を目指して旅に出た僕。出発後は、すぐにお腹が激痛に襲われ、道に迷ったものの、ようやく目指していたバラ園に到着。現在は荒れ果てているバラ園の手入れを許される。しかし、そこに現れた、かつて植物に囲まれた温室の中で一夜を共にした女性とその赤ちゃん。子どもだけ預かるつもりが、突如始まった異国での3人の生活。果たして3人の関係はどう変わるのか？

一見すると、理想をつめこんだような美しい物語ですが、だからこそ強烈に感じたのは女性の悲しさです。若い彼女の悲しさを表現するためにも、僕という男性側の世界はどこまでも美しく描かれたのかなとさえ思わされました。というのも、著者の出身地はジェンダーギャップ指数1位の国・アイスランドだからです。当初影が薄かった彼女からは、そのドライさゆえ、女性の自立ぶりさえ感じた私ですが、現実はそう単純ではないはずです。

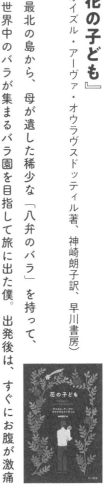

フィンランド

『清少納言を求めて、フィンランドから京都へ』
（ミア・カンキマキ著、末延弘子訳、草思社）

大学時代に読んだ『枕草子』をきっかけに、清少納言が好きになったフィンランド人の著者。毎日の仕事や人生にもうんざりしていた著者は、長期休暇制度を利用して、清少納言研究のため、来日することを決意。日本語はわからないものの、京都に滞在し、神社やお寺を巡り、歌舞伎を観劇。日本食を堪能し、図書館にも通い、常に清少納言とヴァージニア・ウルフに思いを馳せる日々を送る著者。はたして、著者の研究成果とはいかに？

またしても見つけてしまった、出会ってしまったと感動した、まさしく私の心臓がぎゅっとなった本書。少女時代、「いとをかし」の文章を一度は真似する清少納言と、自分ひとりの部屋を持ち、本を書き、そのお金で旅することを女性たちに勧めたヴァージニア・ウルフという憧れの女性二大巨頭が合体したら、こんな素敵なエッセイ（著者によると自伝紀行文学）になるとは！　本書を翻訳、出版してくれた方々には本当に頭が下がります。

イギリス

『瞳の奥に』

（サラ・ピンバラ著、佐々木紀子訳、扶桑社）

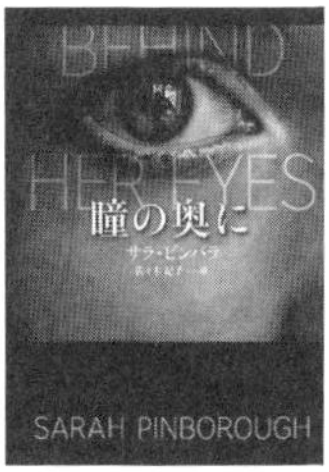

舞台はロンドン。精神科クリニックで秘書として働くシングルマザーのルイーズは、偶然にも勤務前日に既婚の新任医師デイヴィッドとバーで知り合い、親密になる。すると、ディヴィッドの超美人な妻アデルがルイーズに接近。次第に奇妙な夫婦関係の裏側や夫婦の過去の秘密を握るロブの存在も明るみになっていく。はたまた、睡眠時の夢操作法とは何なのか？　予想外の結末とは？

その結末が意外！　とのことから、世界的にも話題となったNetflix配信ミニドラマの原作小説ですが、私が感じた一番の魅力は、翻訳作品とは思えないその読みやすさとは対照的な本書の凝ったストーリーです。ミステリーながら、最初はディヴィッドとルイーズの不倫から始まり、アラサー、アラフォー世代にとってはある意味身近なテーマである本ストーリーですが、その展開は、読めば読むほど謎が深まります。しかも、登場人物の心理戦＆ＳＦチックなトリックなども加わっていき……。目が離せなくなりました。

ヨーロッパ

『ナラの世界へ 子猫とふたり旅 自転車で世界一周』

（ディーン・ニコルソン著、山名弓子訳、K&Bパブリッシャーズ）

パリピ生活を抜け出し、友人と世界一周自転車旅に出発したスコットランド出身のディーン。しかし、友人とは途中で別れ、ボスニアの山道で子猫を拾ったディーンは、子猫にナラと名付け、ナラのパスポートを作り、SNSにナラの写真や動画をアップし、動物救護の活動をしつつ、フォロワーに見守られながらの旅をナラと続けていた。しかし突然、コロナ禍でヨーロッパは、ロックダウンされ……。

読書で世界一周を目指す私ですが、自転車で世界一周した方々の旅行記のほか、ギリシアでは旅の資金のために働いたり、祖母の誕生日を祝うためにイギリスに一時帰国したり、たまにはナラを連れて電車で移動したり、ナラを預けたりしたディーンのゆるい旅のスタイルが、私は結構好きです。猿岩石のヒッチハイク旅も途中の飛行機移動があり、非難する声もありましたが、私としては危険地帯だし必要なことだと思っていました。

巻末付録❷

本書の中で紹介した本の一覧を改めて掲載いたします。
文庫・新書化により安価に入手しやすくなっているものや、
出版事情などにより入手困難なものも一部ございます。
なにとぞご了承ください。

出版社名・刊行年は、原則として著者が実際に読んだ版のものを採用しています。出版社名は、その後変更などされている場合もあります。さらに、刊行後に文庫化されている場合などもございますのでご留意ください。

国名	書名	著者名	訳者名	出版社（刊行年）
韓国	あやうく一生懸命生きるところだった	ハ・ワン	岡崎暢子	ダイヤモンド社（2020年）
韓国	女ふたり、暮らしています。	キム・ハナ、ファン・ソヌ	清水知佐子	CCCメディアハウス（2021年）
韓国	ショウコの微笑	チェ・ウニョン	牧野美加、横本麻矢、小林由紀／吉川凪（監修）	クオン（2018年）
韓国	宮廷女官チャングムの誓い	ユ・ミンジュ	秋那	竹書房（20004・2005年）
台湾	星月夜	李琴峰		集英社（2020年）
台湾	台湾生まれ 日本語育ち	温又柔		白水社（2015年）
台湾	あの頃、君を追いかけた	九把刀	阿井幸作、泉京鹿	講談社（2018年）
台湾	Au オードリー・タン 天才IT相7つの顔	アイリス・チュウ、鄭仲嵐		文藝春秋（2020年）
中国	上海、かたつむりの家	六六	青樹明子	プレジデント社（2012年）
中国	中国55の少数民族を訪ねて	市川捷護、市橋雄二		白水社（2010年）
中国	雪花と秘文字の扇	リサ・シー	天羽由布子、上原正子、高瀬ゆか、牧田史子、森久美／近藤裕子（監訳）	バベルプレス（2008年）
タイ	地球で最後のふたり	プラープダー・ユン	吉岡憲彦	ソニー・マガジンズ（2004年）

国　名	書　名	著　者　名	訳　者　名	出　版　社（刊行年）
タイ	奇界紀行	佐藤健寿		KADOKAWA（2015年）
タイ	シャムのサムライ 山田長政	幡大介		実業之日本社（2021年）
カンボジア	バニヤンの木陰で	ヴァディ・ラトナー	市川恵里	河出書房新社（2014年）
カンボジア	僕がカンボジア人になった理由	猫ひろし		幻冬舎（2017年）
カンボジア	アンコール・王たちの物語 碑文・発掘成果から読み解く	石澤良昭		日本放送出版協会（2005年）
ベトナム	世界文学全集 池澤夏樹個人編集1–6所収「戦争の悲しみ」	バオ・ニン	井川一久	河出書房新社（2008年）
ベトナム	奴隷労働 ベトナム人技能実習生の実態	巣内尚子		花伝社（2019年）
マレーシア	レイチェル・クーのキッチンノート おいしい旅レシピ	レイチェル・クー	清宮真理	世界文化社（2018年）
マレーシア	きのこのなぐさめ	ロン・リット・ウーン	枇谷玲子、中村冬美	みすず書房（2019年）
シンガポール	クレイジー・リッチ・アジアンズ	ケビン・クワン	山縣みどり	竹書房（2018年）
シンガポール	プライベートバンカー カネ守りと新富裕層	清武英利		講談社（2016年）
シンガポール	プラナカン 東南アジアを動かす謎の民	太田泰彦		日本経済新聞出版社（2018年）
インドネシア	殺意の架け橋（アジア本格リーグ5）	S・マラGd	柏村彰夫／島田荘司（選）	講談社（2010年）
インドネシア	インドネシア芸能への招待 音楽・舞踊・演劇の世界	皆川厚一（編）		東京堂出版（2010年）
インド	インドなんて二度と行くか！ボケ!! …でもまた行きたいかも	さくら剛		アルファポリス（2009年）
インド	グローバリズム出づる処の殺人者より	アラヴィンド・アディガ	鈴木恵	文藝春秋（2009年）
インド	今昔物語集（天竺・震旦部／本朝部上・本朝部中・本朝部下）	池上洵一（編）		岩波書店（2001年）

国名	書名	著者名	訳者名	出版社（刊行年）
UAE・ドバイほか	ガザに地下鉄が走る日	岡真理		みすず書房（2018年）
UAE・ドバイほか	テヘランでロリータを読む	アーザル・ナフィーシー	市川恵里	白水社（2017年）
UAE・ドバイほか	千夜一夜物語（バートン版）	バートン	大場正史	筑摩書房（2003・2004年）
エジプト	張り出し窓の街（カイロ三部作1）	ナギーブ・マフフーズ	塙治夫	国書刊行会（2011年）
エジプト	地図が読めないアラブ人、道を聞けない日本人	アルモーメン・アブドーラ		小学館（2010年）
エジプト	ピラミッド・タウンを発掘する	河江肖剰		新潮社（2015年）
トルコ	トルコで私も考えた トルコ嫁入り編	高橋由佳利		集英社（2012年）
トルコ	雪	オルハン・パムク	和久井路子	藤原書店（2006年）
トルコ	シナン	夢枕獏		中央公論新社（2004年）
ロシア	絶望	ウラジーミル・ナボコフ	貝澤哉	光文社（2013年）
ロシア	タタールで一番辛い料理	アリーナ・ブロンスキー	斉藤正幸	幻冬舎メディアコンサルティング（2017年）
ロシア	女帝エカテリーナ	アンリ・トロワイヤ	工藤庸子	中央公論社（1980年）
イタリア	法医学教室のアリーチェ 残酷な偶然	アレッシア・ガッゾーラ	越前貴美子	西村書店（2017年）
イタリア	逃れる者と留まる者（ナポリの物語3）	エレナ・フェッランテ	飯田亮介	早川書房（2019年）
イタリア	ローマ人の物語	塩野七生		新潮社（1992～2006年）
スペイン	キャンバス	サンティアーゴ・パハーレス	木村榮一	ヴィレッジブックス（2011年）
スペイン	パズルの迷宮	フアン・ボニージャ	碇順治（監訳）／沢村凜	朝日出版社（2005年）
スペイン	さらば、アルハンブラ 深紅の手稿	アントニオ・ガラ	日比野和幸、野々山真輝帆、田中志保子 他	彩流社（2007年）
ドイツ	謝罪代行社	ゾラン・ドヴェンカー	小津薫	早川書房（2011年）

国名	書名	著者名	訳者名	出版社（刊行年）
ドイツ	悪徳小説家	ザーシャ・アランゴ	浅井晶子	東京創元社（2016年）
ドイツ	ハーメルンの笛吹き男 伝説とその世界	阿部謹也		筑摩書房（1988年）
オーストリア	知識ゼロからのオペラ入門	池田理代子		幻冬舎（2010年）
オーストリア	奪われたクリムト マリアが『黄金のアデーレ』を取り戻すまで	エリザベート・ザントマン	永井潤子、浜田和子	梨の木舎（2019年）
オーストリア	ハプスブルク家の女たち	江村洋		講談社（1993年）
チェコ	シブヤで目覚めて	アンナ・ツィマ	阿部賢一、須藤輝彦	河出書房新社（2021年）
チェコ	もうひとつの街	ミハル・アイヴァス	阿部賢一	河出書房新社（2013年）
チェコ	図説 チェコとスロヴァキア	薩摩秀登		河出書房新社（2006年）
フランス	パリ左岸のピアノ工房	T・E・カーハート	村松潔	新潮社（2001年）
フランス	セーヌ川の書店主	ニーナ・ゲオルゲ	遠山明子	集英社（2018年）
フランス	マリー・アントワネット	シュテファン・ツヴァイク	中野京子	角川書店（2007年）
カナダ	侍女の物語	マーガレット・アトウッド	斎藤英治	早川書房（2001年）
カナダ	誓願	マーガレット・アトウッド	鴻巣友季子	早川書房（2020年）
カナダ	赤毛のアン	ルーシー・モード・モンゴメリ	村岡花子	新潮社（2008年）
カナダ	ルイ・リエル カナダ白人社会に挑んだ先住民の物語	チェスター・ブラウン	細川道久	彩流社（2021年）
オーストラリア	穴の町	ショーン・プレスコット	北田絵里子	早川書房（2019年）
オーストラリア	隣のアボリジニ 小さな町に暮らす先住民	上橋菜穂子		筑摩書房（2000年）
ニュージーランド	オールド・アンの囁き	ナイオ・マーシュ	金井美子	論創社（2021年）
ニュージーランド	ALL BLACKS 勝者の系譜	ピーター・ビルズ	西川知佐	東洋館出版社（2019年）

国名	書名	著者名	訳者名	出版社（刊行年）
アメリカ	米国人博士、大阪で主婦になる。	トレイシー・スレイター	高月園子	亜紀書房（2016）
アメリカ	ゼアゼア	トミー・オレンジ	加藤有佳織	五月書房新社（2020）
ペルー	悪しき愛の書	フェルナンド・イワサキ	八重樫克彦、八重樫由貴子	作品社（2017）
メキシコ	犬売ります	フアン・パブロ・ビジャロボス	平田渡	水声社（2020）
マリ	アフリカ出身サコ学長、日本を語る	ウスビ・サコ		朝日新聞出版（2020）
ナイジェリア	半分のぼった黄色い太陽	チママンダ・ンゴズィ・アディーチェ	くぼたのぞみ	河出書房新社（2010）
アイスランド	花の子ども	オイズル・アーヴァ・オウラヴスドッティル	神崎朗子	早川書房（2021）
フィンランド	清少納言を求めて、フィンランドから京都へ	ミア・カンキマキ	末延弘子	草思社（2021）
イギリス	瞳の奥に	サラ・ピンバラ	佐々木紀子	扶桑社（2021）
ヨーロッパ	ナラの世界へ 子猫とふたり旅 自転車で世界一周	ディーン・ニコルソン	山名弓子	K&Bパブリッシャーズ（2021）

対談

海外文学を読む楽しさと、翻訳のウラ(?)事情

数多くの海外文学の翻訳を手がける当代きっての翻訳家である金原瑞人さんと海外文学を読む魅力、そして紹介する魅力について語りました。本書で紹介するような海外発の本に慣れている方も、そうでない方も、きっと新しい気づきがあるはずです。

金原瑞人（かねはら・みずひと）
1954年岡山市生まれ。法政大学教授・翻訳家。訳書に『青空のむこう』『豚の死なない日』『さよならを待つふたりのために』『月と六ペンス』『彼女の思い出／逆さまの森』など600冊以上。エッセイ集に『翻訳はめぐる』など、日本の古典の翻案に『雨月物語』など。

――若者は海外文学を読むべきか？――

重松　私は、小さいころからたくさん本を読む文学少女というわけではなかったので、古典というのを読むべきかどうかという葛藤がいまだにあるんです。先生は、大学で学生に教えられてもいますが、それについてどうお考えですか？

金原　僕の場合、昔から本は「読むべきだから読むもの」ではなく、「面白いから読むもの」というスタンスなんです。図書館などで講演すると、「うちの子は本を読まないんですけど、どうすればいいんでしょうか？」ってよく聞かれるんですけど、それはそれでいい。読書もスポーツも音楽も、「好きだから」というのが一番大切なんじゃないでしょうか。だから読みたくなければ読まなくていいと思います。

重松　そうお伺いすると、すこしほっとします（笑）。

金原　もちろん、大学や大学院で文学の勉強や研究をするというのなら、知識や基礎教養として読んでおかないとならない。学問として文学を扱うなら、それはまた別です。でも、そうでなければ、面白いと思えば読めばいいというだけですね。ただ、古典を読む読まないは別にして、自分が観た映画や読んだ本のノートをつけておくといいよとは学生には言いますね。面白かった〇、つまらなかった×でもいいから、日付とタイトルと著者、あと、できれば監督や訳者も書いておいてほしい（笑）。……と言いつつ、僕自身は読書ノートをつけたことないんですけどね。今になってつけとけばよかったなと思うから、学生には言います。これを実行した卒業生から、たまに感謝されてます。

重松　そうなんですね。私は、何を読んだかとか、中身を忘れたことがあってすごく後悔したので、ためがちですが、今は、読んだ記録は残すようにしてます。

金原　もうひとつ、日本では「古典」という言葉にちょっと誤解があって、ヨーロッパやアメリカでは、「古典」というと、古代ギリシャや古代ローマなんですね。ところが日本だと、光文社の古典新訳シリーズを見たらわかるように、20世紀の作品も入ってくる。その辺の感覚が日本と欧米では違いますね。あと、そもそも我々のいう小説というのは、18世紀辺りにヨーロッパで誕生した近代リアリズム小説のことを指しているんです。それまでは、物語とか詩とか演劇が中心だった。小説は英語で“novel”って言いますけど、“novel”というのは、「新しい」とか「新参者」という意味です。日本人は海外文学の古典というと、スタンダールとかドストエフスキーとか18世紀以降のリアリズム小説をイメージするんですけど、それは古典ではなく、比較的新しいものです。いってみれば、モダン・クラシック。重松さんは、いわゆる「海外の古典名作」で好きな作品とかありますか？

重松　『変身』とか『ドリアン・グレイの肖像』とかは好きだったんですけど……。でも、現代の作家の方が書いている小説を読み始めちゃうと、いわゆる「海外の古典名作」は、気付くと後回しにしてしまっていて。

金原　時代的に古いしね。

重松　でも、日本の古典は好きなんですよ。『源氏物語』とか、そういう平安時代の昔のはすごい好きなんです。『アラビアンナイト』とかも好きなんですけど、「文学」ってなると、なんか敷居が高いって感じてしまう。

金原　だけど、学生に古代ギリシャの『オイディプス王』とか読ませると、案外楽しんでたりしていますね。元々戯曲で薄いですし、話も単純だから、入りやすい。

重松　やっぱりそうですよね。でも、今、改めて先生のお話を聞いて、古典っていってるけど、実は18世紀であって、そこまで古くはないんだなーと思うと古典文学に対するハードルが下がった気がしました。

金原　だから、自分が面白いと思う本を読みましょう。

――海外文学の魅力とは？――

重松　先生の『翻訳のさじかげん』という本に、いまの学生に日本の現代作家が人気というのは理解しているから、無理に海外文学を読まなくてもいいといったことが書いてありました。それでも、先生自身は翻訳を続けていらっしゃる。その海外文学の魅力を教えていただけますか？

金原　日本の若者が、海外の本とか映画とか音楽とかに、だんだん疎遠になってきているのは間違いない。その原因のひとつは、若者の目が外側に向かなくなっているというのは確かにあるんだけど、それ以上に日本の文化のレベルがけた違いに上がったからというのもあると思うんだよね。50年前といまを比べると、日本の作家、ミュージシャン、映画監督の実力は確実に高くなっている。例えば、音楽でいえば、50年前の日本は演歌と歌謡曲の世界で、彼らがジャズやロックを真似したところで、それは無理。でも、50年経って、いまの日本や韓国の音楽を聴いていると、音作りから歌詞から演出まで世界のどこと比べても遜色がない。

重松　それは、本当にそうですよね。

金原　そもそも、逆に欧米の人のほうは昔から外国の文化に興味を持ちませんね。あまり海外の映画も見ないし、海外の本とかも読まない。

重松　そうみたいですね。

金原　欧米の本屋に行くと、翻訳本はそれほど多くない。日本も、そういう状況になってきたんじゃないかなと思います。だから、それをあんまり「最近の若者は内向きだ」とか、いじめるのは、ちょっと違うだろうという気はしています。

重松　なるほど。

金原　さて、僕がなんで海外文学が好きかっていうと、異文化って驚きあるじゃないですか。日本はかなり欧米化しているから、それほど違うとは思っていなくても、実際にアメリカの小説を読んだりすると、「本当はアメリカってこういうところだったの？」って驚きがまだある。それがたとえば、中東の作品、中国の作品、韓国の作品、台湾の作品を読むと、本当に驚きがあるんですよね。その異文化の驚きが僕にとっては心地よいんですが、心地よくない人もいて、それが多分、翻訳本を読む人と読まない人の違いなんだと思う。いっぽうで、そういった異文化を面白がって読んでいるうちに話に引きずり込まれて、向こうの人と同じように笑ったり、泣いたりもしてしまう。その異文化のなかでシンクロする瞬間が、快感といえば快感ですね。だから、僕は異文化に対する好奇心と、その異文化同士がシンクロする瞬間が魅力で翻訳の仕事を続けています。

重松　外国のことをもっと知ってほしいという気持ちは私もありますね、

金原　でも、さっき言った若者が海外の文化と疎遠になっているという話とは少し矛盾しますが、いまでも日本ほど海外の小説を読んだり、映画を観る環境が整っている国はなかなかないですよね。それこそ、中東だろうと東欧だろうとアジアだろうと、かなりマイナーな国の作品にも触れられる。

重松　だから、本当に翻訳者の方を尊敬しています。ありがたいです。原書だったら自分は絶対に読んでいないです。

金原　普通、読めないですよ（笑）。

——翻訳のウラ事情——

重松　ところで、今日はちょっと翻訳のウラ事情を教えてほしいと思っているんですが……。

金原　ウラ事情？「ウラ」といえるほどのことはないですよ（笑）。

重松　いえいえ、そんなことはないと思います。たとえば、翻訳者の方というのは、どういう基準で自分が翻訳する本を選ばれているんですか？

金原　2つのパターンがあって、ひとつは自分が訳したくて出版社に持ちこむというケース。もうひとつは、出版社のほうで版権を取ったので、訳してくれませんかと依頼されるケースですね。ただ、翻訳って一日10時間以上も座りっぱなしでやるので、けっこう辛いんです。だから、好きでもない作品を延々と訳すのは、かなり地獄の作業。なので、出版社から依頼されたときは、ざっと読んであまり好きではないなと思っ

たら、「僕が訳すよりも、○○さんが訳したほうが向いていると思いますよ」って、かわすようにしている（笑）。絵本なんかは訳すのに、そんなに時間はかからないんですが、絵本は絵本で個性というものがあって、乗れないなって思うときは断ることも多いです。ただ、僕と相性のいい絵本は売れないというジンクスがあります。例外は数点かな。

重松　出版社が版権を取ってきて翻訳版を出したいと思う本と、翻訳者自身が翻訳したいと思う本はまた違う？

金原　それは違いますね。もっと言えば、出版社といっても営業と編集がいて、それぞれの好みが違うこともあれば、目指している方向性も違うでしょう。翻訳本なら、そこに訳者も加わって、訳者の好みというのも出てくる。だから、翻訳本は三つ巴で作られていくという感じですね。あと、国によってどういう翻訳本が好まれるかというのも、大きく違いますね。例えば韓国文学は韓国政府が助成金を出していることもあって、いま世界中で訳されているんですけど、フランスでは分厚いものが翻訳されやすいのに対し、日本だと薄いもののほうが翻訳されやすいらしい。そういった国民性の違いというのも、考えると面白いです。

重松　読者としては、翻訳本は訳者を信用して手に取るという面もあります。この人の翻訳したものなら中身も信用できるし、面白いだろうとか。

金原　それは、翻訳者としては嬉しいね。まぁ、やはり翻訳本というのは、熱意のある出版社と熱意のある編集者と熱意のある翻訳家がいないと作れない、ちょっと特殊な本ですよね。でも、世界にはいろんな言語があって、「こんな言語、誰が訳したの？」って本が出版されると、出版社や編集者や訳者の熱意を感じて、僕なんかはうれしくなっちゃいます。

――あとがきについて――

重松　私は、翻訳本の最後にある訳者のあとがきが好きなんですけど、あれもある場合とない場合がありますよね。訳者のあとがきを読むと、ちょっとわかりにくかった作品でも、けっこう答え合わせというか、「あーそういうことだったんだ」って、私はすごい納得できることがあるんで、訳者の方にはもっと書いてほしい。

金原　日本で出版されている翻訳ものは、だいたい訳者あとがきがありますよね。欧米の翻訳本は、古い作品は別として、新しい作品の場合、ないことが多いんですよ。だから、日本のあとがき文化って面白いなと思います。別の言い方をすれば、日本の訳者は翻訳したあと、さらに、あとがきも書かないとならない（笑）。

重松　でも、私は書いてほしいです（笑）。

金原　まぁ、あとがきは、フルコースを食べたあとのチーズやデザートみたいなものですから（笑）。あと、訳者にも、あとがきが得意な人と苦手な人がいますね。

重松　とにかく、私は翻訳者の方に、もっと前に出てきてほしいっていうのがあって。

金原　ただ、海外で出ている翻訳本は、表紙に訳者の名前もないことがよくあるんです。奥付に小さく書いてあるだけ。海外のほうが訳者の地位は低い。

重松　あ、そうなんですね。

金原　日本のほうがまだマシというか、翻訳者の地位が高いんです。海外の出版社には、もっと翻訳者を大切にしろと言いたい（笑）。ただ、中国や韓国では日本と同じように訳者の名前を表紙に書くようです。

――本書について――

金原　最後に僕のほうから、この本について少しお話しさせてください。この本で紹介されている本のリストを見たとき、ちょっとびっくりしたんだけど、これだけの本を紹介するエネルギーはもちろん、最終的に紹介されている本の背後には死屍累々と、紹介できなかった本の山が横たわっているわけですよね。

重松　そうですね、それを、わかっていただけるのは嬉しいです（笑）。

金原　それを思うと気が遠くなるような数を

読んでらっしゃるんだなと、まずはそれにびっくりした。それから、切り口がとてもソフトで、説明がわかりやすいので、紹介されている本がどれも読みやすそうに思えて、親近感がわく。これがすごい。あと、ある種の「ゆるさ・やさしさ」みたいのが、重松さんの特徴だと思うんです。例えば、本書を読むと重松さんは韓流ドラマが大好きということが伝わってくるんですけど、僕は全然違っていて、韓国映画だと『息もできない』とか『殺人の追憶』のようなものが好きなんです。小説だと、チョン・ミョングァンの『鯨』とか、ピョン・ヘヨンの『アオイガーデン』とか、キム・ヨンハの『殺人者の記憶法』とか、すごく重くて暗くてきつい話が好きで、これまで書評でもそういうものばかり紹介してきた。だから、重松さんのブックガイドを読むとホッとするんです。そういえば韓国映画・小説・ドラマって、凄絶なものばかりじゃなくて、そういうのもあったよねって（笑）。

重松　私は、なんか素人らしさを出したくて（笑）。

金原　僕は『BOOKMARK』という、海外文学を紹介するフリーペーパーを出していたんです。若者向けに作っているので、なるべく入りやすいものを紹介しているつもりなんですが、自分がもともとゴリゴリの文学青年だったこともあって（笑）、本来、『BOOKMARK』が目指している方向性とずれてしまうときがよくある。だから、重松さんの紹介している本を見たとき、「確かに、若い人が関心をもつのはこっちだよな」って思って、ちょっと反省しました。それになになにより読んでて楽しかった。

重松　ありがとうございます。最初にも少し言いましたが、私は本当に文学少女じゃなくて、「昔から本が大好き」とかでもなく、本屋で働き始めて、そこからいろんな本を読むようになったというだけなんですよね。なので、金原先生の『BOOKMARK』はもちろん知ってたんですけど、そこで紹介されている本は選ばないというのも、自分に課してやってたらこういう選書になりました。

金原　いえいえ、『BOOKMARK』から選んでもらっても全然構わないですよ(笑)。それにしても、とてもセンスのいい選書だと思いました。あと、翻訳本というと、どうしても英語圏に偏ってしまいがちですが、この本ではいろんな国、言語の本が紹介されていて、よく探し出したと思います。それから、ただのブックレビューをまとめたものではなく、重松さんという「人」が見えたのも、とてもよかったです。

重松　そう言っていただけて、安心しました。

著者　重松理恵（しげまつ・りえ）

広島大学卒業後、東京大学・広島大学などの生協にて長年、書籍の仕入・販売を担当。現在は大学生協事業連合書籍商品課に在籍。生協全体の書籍仕入れのアドバイスなどを行っている。著書に『東大生の「本の使い方」』（三笠書房）がある。

協力　金原瑞人

企画協力　森久保美樹（NPO法人 企画のたまご屋さん）
編集協力　株式会社バーネット
装画・イラスト　仙波梨英子
装幀・本文デザイン・組版　吉永昌生

読んで旅する海外文学
24の国と地域の旅行記×77冊の読書ノート

2023年5月22日　第1刷発行
2023年10月25日　第2刷発行

定価はカバーに表示してあります

著者　重松理恵
発行者　中川進

〒113-0033　東京都文京区本郷2-27-16
発行所　株式会社　大月書店
印刷　太平印刷社
製本　中永製本
電話（代表）03-3813-4651　FAX 03-3813-4656　振替00130-7-16387
http://www.otsukishoten.co.jp/

ISBN978-4-272-61245-1　C0097　Printed in Japan